Lee Strobel
& Jane Vogel

DER FALL JESUS

FÜR TEENS

Über den Autor

Der ehemalige Atheist *Lee Strobel* gewann nach einem Studium an der *Yale Law School* mehrere Preise als Gerichtsreporter der *Chicago Tribune.* Anschließend war er nacheinander Pastor der zwei größten Gemeinden in den USA – der *Willow Creek Community Church* bei Chicago und der *Saddleback Community Church* bei Los Angeles.
Seit seiner Entscheidung für Christus kämpft Lee Strobel gegen die folgenschwere »Vergesslichkeit« der etablierten Christen. Er setzt sich für alle ein, die große Barrieren zu überwinden haben, um sich auf den christlichen Glauben einzulassen.
Zusammen mit seiner Frau Leslie lebt er in Südkalifornien.

LEE STROBEL
& JANE VOGEL

DER FALL JESUS
FÜR TEENS

Ein Journalist auf der
Suche nach der Wahrheit

aus dem Englischen von
Ingo Schütz

GerthMedien

MIX
Papier | Fördert gute Waldnutzung
FSC® C014496

Originally published in the U.S.A. under the title: *The Case for Christ – Student Edition*. Published by arrangement with The Zondervan Corporation L.L.C., a subsidiary of HarperCollins Christian Publishing, Inc.

Berliner Ring 62, 35576 Wetzlar

14. Auflage 2025
Bestell-Nr. 817036
ISBN 978-3-95734-036-8

Umschlaggestaltung und -illustration: Björn Steffens
Umschlagfoto: Shutterstock
Satz: Greiner & Reichel, Köln
Druck und Verarbeitung: GGP Media GmbH, Pößneck

www.gerth.de

Inhalt

Teil 3: Kann ein Toter auferstehen?

Einleitung

Meine Freunde und ich hatten uns zum Abendessen in einem italienischen Restaurant verabredet, das gegenüber der Universität von Missouri lag. Ich stand kurz vor meinem Abschluss und würde bald meine erste Arbeitsstelle antreten: ein dreimonatiges Praktikum bei der *Chicago Tribune* mit der Aussicht, als Reporter übernommen zu werden, falls ich mich gut machte.

Irgendwann während des Essens, irgendwo zwischen Knoblauchbrot und Neapolitanischer Eiscreme, ließ Ersin, mein bester Freund, die Bemerkung fallen, dass dieses Praktikum für mich ein großes Geschenk Gottes sei.

Sein Kommentar haute mich um. Ich kannte Ersin jetzt schon seit vier Jahren, aber so weit ich mich erinnern konnte, hatten wir uns noch nie über Religion unterhalten.

»Moment mal, damit ich das richtig verstehe«, sagte ich, »willst du mir allen Ernstes erzählen, dass jemand, der so klug ist wie du – super Abitur, Elite-Uni, du weißt schon – tatsächlich glaubt, dass es Gott gibt? Ich dachte immer, du wärst zu klug für so was!«

Es war offensichtlich, dass Ersin ebenfalls erstaunt war. »Habe ich mich da gerade verhört?«, entgegnete er. »Versuchst du, mir zu sagen, dass es *keinen* Gott gibt? Willst du sagen, dass jemand, der so klug ist wie du, *nicht* an Gott glaubt? Das kann nicht dein Ernst sein, oder?«

Wir waren wohl beide ziemlich überrascht. Ich konnte mir nicht vorstellen, dass ein intelligenter Mensch wie

Ersin wirklich an so ein lächerliches Märchen glaubte wie einen allmächtigen, allwissenden Schöpfer des Universums. Hatte er denn gar nichts gelernt?

Wenn man hätte beschreiben sollen, wie meine Einstellung zu Gott in diesem Moment aussah, dann hätte sie ungefähr so gelautet: *Kluge Menschen glauben nicht dran.* Um das zu kapieren, brauchte man sich nur oberflächlich die Beweislage anzusehen, und es war klar, dass das Christentum nicht mehr war als Aberglaube und frommes Wunschdenken.

Aber, um ehrlich zu sein, das ist auch schon alles, was ich der Sache zugestanden hatte: einen oberflächlichen Blick. Und ich war zufrieden damit, die Sache Jahr für Jahr von mir weg zu schieben - bis mein Leben eines Tages eine seltsame Wendung nahm, die mich dazu veranlasste, zwei Jahre lang nachzuforschen und Beweise zu sammeln für oder gegen den »Fall Jesus«.

Genau darum geht es in diesem Buch. Ich will dich auf diese geistliche Reise mitnehmen und versuchen, die Ereignisse dieser zwei Jahre zu schildern, in denen ich Indizien für oder gegen den Glauben an Christus gesucht habe.

Nachdem ich alle Beweise gegeneinander abgewogen hatte, fällte ich eine Entscheidung. Aber ich kann *dir* diese Entscheidung nicht abnehmen. Das ist allein deine Sache. Nimm es aber trotzdem ernst, denn es geht um mehr als nur um die abstrakte Frage, ob wir im Universum allein sind. Wenn man an Jesus glaubt - und ich weiß, dass da für dich im Moment ein großes *Wenn* steht -, dann gibt es nichts Wichtigeres als die Frage, wie man auf ihn reagiert.

Aber nimm die Sache doch einmal selbst unter die Lupe.

Kapitel 1

Was ist mit mir los?

Ich will dir zuerst erzählen, wie ich meinen Glauben verloren habe. Ich war damals 14.

Der Biologie-Raum in der *Prospect Highschool* in Mount Prospect, Illinois, befand sich im dritten Stock im Nordwest-Trakt des Gebäudes. Ich saß, vom Fenster aus gesehen, in der zweiten Reihe, dritter Stuhl von links, und hörte zum ersten Mal von Darwins Evolutionstheorie.

Revolution durch Evolution

Die ganze Sache war für mich absolut revolutionär! Unser Lehrer erklärte uns, dass vor Millionen von Jahren das Leben entstanden war, als ein paar abgefahrene Moleküle in den warmen Ozeanen der jungen Mutter Erde mit einander reagiert hatten. Später, durch natürliche Selektion und das Überleben des Stärkeren, wurden die Lebensformen immer komplexer. Wahrscheinlich stammten Menschen und Affen sogar von den gleichen Vorfahren ab.

Obwohl der Lehrer es nicht ausdrücklich sagte, war die wichtigste Bedeutung der Darwinschen Theorie für mich sofort klar: Wenn die Evolution den Ursprung und die Entwicklung des Lebens erklären konnte, dann war Gott arbeitslos! Wozu brauchten wir noch einen Gott? Leben war doch nichts weiter als eine große chemische Reaktion, ein zufälliges Zusammenspiel von zufällig entstandenen Molekülen.

Für mich waren das großartige Neuigkeiten. Endlich hatte ich eine vernünftige Basis für meinen Atheismus. Wenn die Evolution erklären konnte, wo das Leben herkommt, dann mussten die ersten Kapitel der Bibel Märchen und Wunschdenken sein. Und wenn das für die ersten Kapitel zutraf, warum dann nicht auch für den Rest? Jesus kann nicht Gott gewesen sein. Echte Wunder gibt es nicht; sie sind bloß der schwache Versuch von ungebildeten Menschen, die noch nicht im Besitz von wissenschaftlichen Errungenschaften waren, das zu verstehen, was sie nicht verstehen *konnten*. Für jedes Wunder gibt es heute eine wissenschaftliche Erklärung.

Damit hatte ich endlich einen vernünftigen Grund, mich vom Christentum zu verabschieden.

Religion = Langeweile

Nicht, dass ich jemals Christ gewesen wäre.

Meine Eltern glaubten an Gott und taten ihr Bestes, auch bei mir das Interesse an ihm zu wecken. Als ich jünger war, nahmen sie mich regelmäßig in eine evangelische Kirche mit, wo ich so meine Schwierigkeiten hatte, während der 20-minütigen Predigt wach zu bleiben. Ich verstand die Rituale nicht, ich hatte keinen Zugang zur Orgelmusik, und ich fand schnell heraus, dass Religion an einem Sonntagmorgen in der Regel Zeitverschwendung bedeutete.

Als ich in der achten Klasse war, zwangen mich meine Eltern, in den Konfirmandenunterricht zu gehen. Das bedeutete also, dass ich einen Tag pro Woche nach der Schule in den stickigen Räumen der Kirche sitzen musste, um eine Reihe von unwichtigen Dingen zu lernen.

Ich kann mich nicht daran erinnern, viel über die Bibel – oder über Jesus – gelernt zu haben. Hauptsächlich mussten wir Dinge auswendig lernen, wie etwa die Zehn Gebote, und sie dann im Stehen herunterleiern. Keiner von uns beherrschte sie perfekt, aber wir schlugen uns immer gut durch, wenn der Pfarrer uns drannahm. Es war wirklich sterbenslangweilig. Ich kann mich an keinen einzigen Vers erinnern, den ich damals auswendig lernen musste, aber ich weiß noch sehr genau, wie der Pfarrer uns damals anpflaumte, wir wären nicht »emsig« genug. Auch wenn ich nicht genau wusste, was das Wort bedeutete, »emsig« waren wir offenbar nicht, und das war schlecht.

Reifeprüfung Konfirmation

Als es endlich soweit war und wir schließlich konfirmiert und damit zu Mitgliedern der Kirche gemacht werden sollten, sprach der Pfarrer mit uns im Voraus die Fragen ab, die er uns stellen würde, sodass wir die Antworten in jedem Fall wussten. Ich hatte trotzdem keine Lust darauf, denn wenn ich überhaupt *irgendwie* an Gott glaubte, dann hing dieser Glaube an einem seidenen Faden. Für mich war Gott überflüssig, mysteriös, unfassbar, unwichtig. Er war für mich wie ein strenger Lehrer, der, falls es ihn gab, wahrscheinlich böse auf mich war, weil ich ihm nicht »emsig« genug erschien.

Andererseits war es auch keine gute Idee, zu meinen Eltern zu gehen und zu sagen: »Entschuldigt, aber ich habe keine Lust, konfirmiert zu werden, weil ich glaube, dass die ganze Sache Schwachsinn ist.« Mein Dad wäre explodiert und meine Mutter ausgeflippt. Darauf konnte ich gut verzichten. Wenn es wirklich keinen Gott gab, was war dann so schlimm daran, ein bedeutungsloses Ritual mitzumachen?

Also ging ich eines Sonntags in die Kirche, um mich konfirmieren zu lassen. Nach dem Gottesdienst bekamen wir einen Stapel vorgedruckter Briefumschläge, damit wir der Kirche Geld spenden konnten. Und das war es wohl, so vermutete ich, was wirklich hinter dem ganzen Wirbel um die Konfirmation steckte – worum es vielleicht überhaupt in der organisierten Religion ging. Aber die Konfirmation hatte auch ihre Vorteile: Diese ganze Zeremonie war so etwas wie meine Reifeprüfung. Ich hatte mein kirchliches Abschlusszeugnis erhalten und war jetzt frei. Meine Eltern hörten auf, mich sonntags in die Kirche zu schleppen, und ich konnte endlich ausschlafen. Bis zu diesem Zeitpunkt hatte die Religion mir das Leben schwer gemacht, aber ich hatte diesen Kampf gewonnen.

Time to party!

Schmetterlinge im Bauch

Nach der erwähnten Biostunde war für mich erst recht Party angesagt. Endlich *wusste* ich, dass Gott nicht existierte. Und das bedeutete, dass ich vor ihm für nichts verantwortlich war. Ich würde nicht eines Tages vor seinem Gericht stehen. Ich war endlich frei, nach meinen eigenen Regeln zu leben, nicht nach den verstaubten Geboten, die mir im Konfirmandenunterricht eingetrichtert worden waren. Für mich hieß das: *Kümmere dich um nichts, es sei denn, es macht dich glücklich.*

Und doch gab es da etwas, um das ich mich kümmerte – und das mich glücklich machte. Das Mädchen hieß Leslie. Das erste Mal trafen wir uns, als wir beide 14 waren. An diesem Tag ging sie nach Hause und erzählte ihrer Mutter: »Ich habe den Jungen getroffen, den ich heiraten werde!«

Ihre Mutter grinste nachsichtig. »Ach ja, wirklich?«, fragte sie mitleidig. Aber Leslie hatte nie einen Zweifel daran, und ich auch nicht.

Wir trafen uns regelmäßig in und nach der Schule, und als ich wegzog, um in Missouri zu studieren, schrieben wir uns seitenlange Briefe. Wir waren überzeugt, dass es keinen anderen Menschen gab, mit dem wir je glücklich sein könnten. Noch vor Ablauf eines Jahres zog sie zu mir nach Missouri und wir verlobten uns. Wir entschlossen uns, in einer Kirche zu heiraten, weil ... Na ja, so heiratet man eben, oder?

Leslie stand Gott nicht so ablehnend gegenüber wie ich. Sie hatte nichts gegen Religion, besonders, wenn sie andere Leute glücklich machte. Für sie selbst war es eben eines von vielen Themen, für das sie sich nie richtig Zeit genommen hatte.

Leben auf der Überholspur

Nachdem ich mein Studium beendet hatte, zogen wir in eine Hochhaus-Wohnung in der Innenstadt von Chicago. Leslie machte Karriere bei einer Bank, und ich begann, erfolgreich bei der *Chicago Tribune* zu arbeiten, wo mein Praktikum zu einer festen Anstellung als Reporter geführt hatte. Das war die Zeit, als ich begann, auf der Überholspur des Lebens zu fahren. Wenn ich einen Gott hatte, dann war es meine Karriere. Ich liebte es, meinen Namen über einem Artikel zu sehen. Ich gewöhnte mich an den rücksichtslosen Umgang mit meinen Konkurrenten. Ich wurde süchtig nach dem Adrenalinkick, den die näher rückenden Abgabetermine verursachten, und ich lebte mit der Einstellung, eine Geschichte um jeden Preis kriegen zu müssen, koste es, was es wolle.

Ich tat, wovon ich immer geträumt hatte: Ich reiste durch

das ganze Land, moderierte Radio- und Fernsehinterviews, schrieb Bücher und gewann Preise. Ich wusste: *Ich hab's geschafft!* Ich war auf dem besten Weg nach ganz oben und ich war noch nicht einmal 30.

Was ist mit mir los?

Die Macht, die ich besaß, war besser als jeder Kick, den ich durch Drogen oder Alkohol kriegen konnte. Manchmal nutzte ich diese Macht, um anderen Menschen zu helfen. Ich erinnere mich noch an einen Artikel zum Erntedankfest, in dem ich über eine arme Familie aus Westside Chicago berichtete. Die beiden kleinen Töchter besaßen nicht einmal eine Jacke; sie hatten nur einen einzigen Pullover, und auf dem Schulweg wechselten sie sich ab: Eine Schwester trug ihn auf der ersten Hälfte des Weges, die andere durfte ihn auf dem restlichen Weg anziehen.

Nachdem mein Artikel erschienen war, wurde die Familie von warmherzigen Menschen aus der ganzen Stadt nur so mit Geschenken und Geld überschüttet. An Weihnachten kam ich zu Besuch vorbei und sah eine von Geschenken überquellende Wohnung – das Zimmer der Töchter war so voll gestopft, dass es aussah wie ein kleiner Kramladen. Und das alles, sagte ich mir, nur wegen meines Artikels.

Aber mit der Zeit merkte ich, dass mich andere Leute eigentlich gar nicht wirklich interessierten. Ich interviewte einmal eine trauernde Frau, deren Tochter vergewaltigt und ermordet worden war. Als sie ihren ganzen Schmerz herausließ, dachte ich nur: *Wow! Das gibt einen guten Artikel! Und ich habe die Exklusivrechte!* Ihre Tochter und ihre Verzweiflung kümmerten mich überhaupt nicht; ich war nur hinter einer guten Schlagzeile her und hinter ein paar Pluspunkten beim Chef.

Die Menschen in meiner Umgebung bemerkten, dass ich abstumpfte. Einmal hatte ich einen Fall, in dem ein Teenager gegen einen Mann aussagte, der wegen Mordes angeklagt war. Der Mann hatte ihn, seinen Bruder und einen Freund nebeneinander an die Wand gestellt und dann einem nach dem anderen in den Kopf geschossen. Die anderen beiden waren sofort tot gewesen, nur der Junge hatte überlebt. Zumindest hatte er lang genug überlebt, um den Mörder vor Gericht zu überführen. Aber dem Arzt zufolge war es nur eine Frage von Tagen, bis auch er seinen Verletzungen erliegen und sterben würde.

Nach der Verhandlung ließ mich der Staatsanwalt den Zeugen interviewen. Ich war wirklich aufgeregt – dieses Interview war für mich eine exklusive Titelstory. Ich war so überwältigt von dem Gedanken, als Einziger die Informationen zu erhalten, dass sich ein Grinsen auf meinem Gesicht breitmachte, als ich den Jungen ausquetschte.

Mitten im Interview zog mich der Staatsanwalt ärgerlich beiseite und fragte: »Strobel, was ist mit Ihnen los? Dieses Kind hat gesehen, wie sein Bruder und sein Freund erschossen wurden, wahrscheinlich stirbt es selbst bald. Und Sie reden mit ihm, als wären Sie ein Komiker!«

Seine Worte verfolgten mich noch eine ganze Weile. *Was war mit mir los*? Warum lag mir nichts an dem Jungen oder seinen erschossenen Freunden? Warum fühlte ich nicht mit der Frau mit, deren Tochter ermordet worden war? Warum kümmerte ich mich nur um mich und meine Karriere? Und – das war das Schlimmste – warum stellte mich mein ganzer Erfolg nicht zufrieden? Warum hatte ich nie genug?

Aber es war nicht diese Unzufriedenheit, die mich veranlasste, mich mit dem Christentum zu beschäftigen. Es war meine Frau.

Manchmal höre ich Christen sagen, dass Nichtchristen keine glückliche Ehe führen können, weil sie gar nicht wissen, was echte Liebe ist. Leslie und ich wussten zumindest genug darüber, um einigermaßen erfüllt zu sein. Wir waren die besten Freunde, lebten ein äußerst zufriedenes Leben und hatten meistens keine Sorgen. So sehe ich unser Leben, wenn ich zurückblicke: Es war, als ob Leslie und ich in einem Cabrio durchs Leben fuhren, lachend, scherzend, vollkommen sorglos und glücklich.

Ich war also wirklich überrascht, als Leslie mir eröffnete, dass sie Christ geworden sei. Ich verdrehte die Augen und erwartete das Schlimmste. Ich fühlte mich wie das Opfer einer Verschwörung. Ich hatte eine Leslie geheiratet - eine fröhliche Leslie, ohne Sorgen, eine, die bereit war, Risiken einzugehen -, und ich hatte Angst, sie würde sich in eine andere Leslie verwandeln. Ich hatte Angst, sie würde sich in eine prüde Frau verwandeln, die keinen Spaß mehr am Sex hat, die ganze Nacht betet und tagsüber freiwillig in Großküchen für Obdachlose kocht.

Stattdessen war ich angenehm überrascht - sogar fasziniert - von ihrer neuen Art, ihrem neuen Selbstvertrauen. Und je mehr sich ihr Charakter zum Besseren wandelte, desto klarer wurde mir, wie kaputt mein eigenes Leben und meine Beziehungen waren. Es war, als würde Leslie mir einen Spiegel vorhalten. Ich sah endlich, wie ich wirklich war - und ich mochte den Kerl im Spiegel überhaupt nicht.

Beweisaufnahme

Was mich letztlich wieder zu Gott geführt hat, war die Wahrheit. Ich bin Journalist. Ich hatte in Yale Jura studiert. Ich wusste genau, wie man einen Fall untersucht und wie man mit Indizien umgeht. Ich wusste, wie man Fakten sichtet. Wenn die Geschichte tatsächlich beweisen sollte, dass Jesus der ist, der er zu sein behauptet hat - nämlich der einzige und wahre Sohn Gottes -, dann würde ich keine andere Wahl haben, als ihm nachzufolgen. Aus meiner fruchtlosen Suche nach Glück wurde eine unerbittliche Jagd nach der Wahrheit. Weil es mein Job ist, die Wahrheit zu finden, wollte ich auch den »Fall Jesus« untersuchen, bis ich sie gefunden hatte.

Die folgenden Kapitel dieses Buches schildern meine Untersuchung. In Wirklichkeit bin ich dabei nicht so logisch und geordnet vorgegangen, wie es hier vielleicht den Anschein hat. Ich habe mir eine Seite des Christentums angeschaut, dann eine andere, dann wieder eine andere, und dann habe ich wieder mit neuen Fragen von vorne angefangen. 21 Monate lang habe ich mich damit beschäftigt, in diesem Fall die Wahrheit herauszufinden. Und ich habe mich sehr bemüht, nicht voreingenommen zu sein. Ich wollte offen sein für alles, was *für* oder *gegen* Jesus sprach. Und das ist auch schon alles, worum ich dich bitte: Sei offen - wir werden sehen, wohin dich die Beweisaufnahme führt.

1

Wer ist dieser Jesus?

Kapitel 2

Hielt sich Jesus wirklich für Gott?

Stell dir vor, du gibst dir eines Morgens deine übliche Dosis Cornflakes, und plötzlich fällt ein Ticket aus der Schachtel. Du siehst es dir an und merkst: Du hast einen All-Inclusive-Urlaub auf Hawaii gewonnen!

Drei Wochen später bist du auf der Insel und willst zum ersten Mal surfen gehen. Weil es gewisse Schwierigkeiten mit sich bringt, wenn man versucht, im Flugzeug Surfboards zu transportieren, stellst du dich in die Schlange an einem Board-Verleih, um dir ein Brett zu holen.

Direkt vor dir stehen zwei Jungs, die versuchen, ihr hinterlegtes Pfand zurückzubekommen, obwohl sie die geliehenen Surfboards nicht wieder zurückgeben können.

»Hey, Mann, das war höhere Gewalt!«, sagt der eine. »Da kam diese krasse Monsterwelle und riss mir das Brett unter den Füßen weg! Als ich meinen Kopf endlich wieder über Wasser hatte, war es natürlich schon längst weg. Inzwischen ist es wahrscheinlich in Hongkong gestrandet!«

Der andere Typ versucht auch, sich zu entschuldigen: »Ich war nicht so blöd, das Brett zu verlieren. Aber als ich es gerade zurückbringen wollte, kam Keanu Reeves auf mich zu und sagte, er brauche es für einen Stunt in seinem neuen Film! Ich dachte, das wäre doch eine gute Werbung für deinen Stand hier, also hab ich ihm das Board gegeben.

Ich bin mir sicher, er bringt es zurück, wenn er es nicht mehr braucht.«

Aber der Verleiher ist nicht dumm, und wenn er auf den Arm genommen wird, merkt er es in der Regel recht schnell. Er weiß natürlich, dass die Jungs seine Surfboards gestohlen haben und jetzt auch noch die Dreistigkeit besitzen, ihr Pfand zurückzuverlangen. Aber die Geschichte mit Keanu Reeves lässt sich einfach überprüfen: Man muss nur ein paar Telefonate führen, um herauszufinden, ob er wirklich auf der Insel ist und einen neuen Film dreht. Wenn nicht, dann hat der Typ gelogen, und der Verleiher kann ihn anzeigen. Und die Sache mit der Monsterwelle ... na ja, das ist schon etwas schwerer zu bestätigen oder zu widerlegen.

Als ich mich entschied, die Ansprüche des Christentums zu untersuchen, dachte ich sofort, dass die Christen einen taktischen Fehler gemacht hätten. Alle anderen Religionen haben eine Reihe von unsichtbaren Göttern - so ähnlich wie die Monsterwelle - und sind deswegen sehr schwer anzugreifen. Es ist schwierig, echte Beweise dafür oder dagegen zu finden. Aber die Christen bauen ihren Glauben auf den angeblichen Lehren und Wundern einer Person auf, von der sie behaupten, sie habe wirklich gelebt, und die - wie sie sagen - Gott selbst ist.

Das musste schon der erste Fehler sein. Denn wenn Jesus wirklich gelebt haben sollte, dann müsste er ja auch irgendwie historische Beweise dafür hinterlassen haben. Ich kann zwar nicht herumtelefonieren wie bei der Sache mit Keanu Reeves, aber wenn Jesus wirklich gelebt hat, dann muss es auch irgendwo Informationen über ihn geben.

Ich erkannte, dass ich also bloß die historische Wahrheit über Jesus herausfinden musste, herum das Rätsel zu lösen. Es würde sich herausstellen, dass er ein netter Mensch war, vielleicht ein guter Mann und Moralprediger - aber ganz bestimmt nicht Gott.

Ich war mir dabei ganz schön sicher, dass Jesus mir zugestimmt hätte. Der wahre Jesus, glaubte ich, würde sich im Grabe herumdrehen, wenn er wüsste, dass die Leute ihn heute anbeten. Ich hatte mich zwar noch nie richtig mit den Lehren Jesu beschäftigt, aber ich bezweifelte, dass er jemals von sich behauptet hatte, mehr zu sein als ein reisender Lehrer oder jemand, der die Leute gelegentlich hinters Licht führte.

Was sagte Jesus über sich selbst?

Der größte Teil an Informationen, die wir über Jesus haben, stammt aus der Bibel. Das ist ein kleines Problem, denn warum sollte man glauben, dass die Bibel ein neutraler Berichterstatter ist? Ich habe mich lange Zeit damit beschäftigt, das herauszufinden. Und ich stellte fest, dass besonders das Neue Testament, in dem das meiste über Jesus steht, eine äußerst genaue Forschungsquelle ist. In den Kapiteln 5 und 6 dieses Buches steht mehr über diesen Teil meiner Untersuchung.

Ob man nun an die Bibel glaubt oder nicht, es gibt keinen Zweifel daran, dass die Christen sie als Grundlage dessen ansehen, was sie über Jesus glauben. Ich hatte immer gedacht, die Christen hätten die Sache falsch verstanden – dass andere Leute Dinge von Jesus behauptet hatten, die Jesus so nie bestätigen würde. Wenn ich anhand der Bibel zeigen könnte, dass Jesus nie von sich behauptet hat, Gott zu sein, dann brauchte ich nicht weiter zu suchen. Der Fall wäre damit abgeschlossen.

Das Johannes-Evangelium im Neuen Testament beginnt mit dem majestätischen Anspruch, dass Jesus, hier wird er »das Wort« genannt, Gott ist.

»Am Anfang war das Wort. Das Wort war bei Gott und in allem war es Gott gleich. Von Anfang an war es bei Gott. Alles wurde durch das Wort geschaffen; und ohne das Wort ist nichts entstanden. [...] Er, das Wort, wurde ein Mensch, ein wirklicher Mensch von Fleisch und Blut. Er lebte unter uns, und wir sahen seine Macht und Hoheit, die göttliche Hoheit, die ihm der Vater gegeben hat, ihm, seinem einzigen Sohn. Gottes ganze Güte und Treue ist uns in ihm begegnet« (Johannes 1,1–3.14).

Als ich diese Behauptungen las (die wohlgemerkt von einem Anhänger Jesu gemacht wurde, nicht von ihm selbst), habe ich mich gefragt, wie Jesus darauf wohl reagiert hätte. Würde er sagen: »Oh Mann, Johannes hat mich kein bisschen verstanden!« Oder würde er nicken und sagen: »Genau das bin ich - und noch viel mehr«?

Man glaubt, dass Gott – falls er existiert – gewisse Eigenschaften, so genannte »Wesensmerkmale« hat. Ein Weg, um herauszufinden, ob Jesus Gott war, ist zu schauen, ob Gott und Jesus die gleichen Attribute haben. Hier siehst du, was die Bibel dazu sagt. Natürlich brauchst du diesen Behauptungen nicht zu glauben, solange du nicht an die Bibel glaubst. Vielleicht willst du erst warten, bis du Kapitel 5 und 6 gelesen hast, und dann erst entscheiden.

Wesensmerkmale Gottes	Wie Jesus war
a) Allwissenheit	a) Der Apostel Johannes sagt zu Jesus: »Jetzt haben wir verstanden, dass du alles weißt« (Johannes 16,30).
b) Omnipräsenz (ist überall anwesend)	b) Jesus sagt: »Ich bin immer bei euch, jeden Tag, bis zum Ende der Welt« (Matthäus 28,20).
c) Omnipotenz (ist allmächtig)	c) »Gott hat mir unbeschränkte Vollmacht im Himmel und auf der Erde gegeben«, sagt Jesus (Matthäus 28,18).
d) Ewigkeit (ohne Anfang oder Ende)	d) Das Johannes-Evangelium stellt klar: »Am Anfang war das Wort. Das Wort war bei Gott, und in allem war es Gott gleich « (Johannes 1,1).
e) Immutabilität (ändert sich nie)	e) Paulus schreibt: »Jesus Christus ist derselbe gestern und heute und für alle Zeiten!« (Hebräer-Brief 13,8).

»Nennt mich Christus«

Einen anderen Hinweis darauf, was Jesus selbst von sich sagte, fand ich in einem anderen Buch des Neuen Testaments, dem Matthäus-Evangelium. Als sie eines Abends zusammen am Lagerfeuer saßen, fragte Jesus seine Jünger: »Und ihr, für wen haltet ihr mich?« Petrus sagte: »Du bist Christus, der Sohn des lebendigen Gottes!« Was Jesus geantwortet hat? »Du darfst dich freuen, Simon, Sohn von Johannes, denn diese Erkenntnis hast du nicht aus dir selbst; mein Vater im Himmel hat sie dir gegeben« (Matthäus 16,15–17).

Obwohl ja aus dieser Unterhaltung ziemlich eindeutig hervorgeht, dass Jesus sich für mehr hält als für den guten Lehrer, den ich in ihm vermutet hatte, war ich nicht sofort überzeugt, dass Bezeichnungen wie »Christus« oder sogar »Sohn des lebendigen Gottes« notwendigerweise gleich »Gott« sein mussten. Was also dachten die Leute in seiner Umgebung, als er sagte, er sei der Christus?

Ich fand die Antwort darauf in einer kurzen, eindrücklichen Szene im Johannes-Evangelium. Ein paar der jüdischen Anführer hatten sich um Jesus versammelt und fragten ihn: »Wie lange willst du uns noch hinhalten? Sag es uns frei heraus: Bist du der versprochene Retter?« Und Jesus antwortete: »Ich habe es euch schon gesagt, aber ihr wollt mir nicht glauben . . . Der Vater und ich sind untrennbar eins.«

Ich verstand nicht genau, was er mit der Behauptung sagen wollte, er und der Vater seien eins. Aber die Juden, die in umringten, verstanden es scheinbar sehr genau, denn auf einmal nahmen sie Steine, um ihn zu töten! Warum? »Weil du Gott beleidigst. Du gibst dich als Gott aus, obwohl du nur ein Mensch bist« (Johannes 10, 24–33).

Aus einigen von Jesu Aussagen scheint nicht besonders deutlich hervorzugehen, dass Jesus hier behauptet, Gott zu sein. Ich dachte, damit wäre relativ klar, dass Jesus das eigentlich auch gar nicht sagen wollte. Um aber noch eine »Expertenmeinung« einzuholen, fragte ich Dr. Ben Witherington, der eine ganze Reihe von akademischen Titeln hat, Mitglied in vielen gelehrten Gesellschaften ist und bereits fünf Bücher über Jesus geschrieben hat.

An: Ben Witherington
Von: Lee Strobel
Betreff: Kein eindeutiger Anspruch!

Hi Ben,
du kennst dich damit doch besser aus als ich. Es stimmt doch, dass Jesus nie klar behauptet hat, Gott zu sein, oder? Ist das nicht ein Zeichen dafür, dass er sich selbst gar nicht als Gott gesehen hat? Gruß, Lee

An: Lee Strobel
Von: Ben Witherington
Betreff: Re: Kein eindeutiger Anspruch!

Hi Lee,
vergiss nicht, wann Jesus lebte! Wenn er einfach gesagt hätte: »Hi, Leute, ich bin Gott!«, dann hätte sich das für die Juden angehört wie »Ich bin Jahwe«, denn die Leute hatten damals keine Vorstellung von der Dreieinigkeit (Vater, Sohn und Heiliger Geist). Sie kannten Gott nur als den Vater, den sie Jahwe nannten. Also, wenn Jesus behauptet hätte, Jahwe zu sein, dann hätte das für die Juden keinen Sinn gemacht - es hätte Jesus eher noch daran gehindert, seine Nachricht zu verbreiten! Privat mit seinen Jüngern sah das schon ganz anders aus, aber die Evangelien erzählen ja hauptsächlich von dem, was in der Öffentlichkeit passiert ist. Alles klar?
Gruß, Ben

Die Haltung eines Skeptikers

Die Anführer der Juden haben damals vielleicht genau gewusst, was Jesus von sich behauptete, aber ich war immer noch skeptisch. Ich fühlte mich sehr verbunden mit einem von Jesu Jüngern - Thomas -, weil er genauso skeptisch war wie ich. Selbst als alle anderen Jünger behaupteten, Jesus sei von den Toten auferstanden (mit dieser Geschichte habe ich mich in Kapitel 9 beschäftigt), blieb die Sache für ihn zweifelhaft. Er wollte erst daran glauben, wenn er seine Finger in die Wunden legen konnte, die Jesus nach der Kreuzigung an Händen und Füßen haben musste.

Im Johannes-Evangelium steht, dass Jesus ihm dann tatsächlich erschienen ist. Er lud ihn ein, sich den Beweis selbst zu holen, und nachdem Thomas, der Zweifler, die Wunden gesehen hatte, änderte sich seine Meinung und er sagte: »Mein Herr und mein Gott!« (lies selbst in Johannes 20,28).

Jesus entgegnete daraufhin nicht: »Hey, warte mal, nenn mich bloß nicht Gott! Hast du vergessen? Ich bin doch nur ein guter Lehrer und Moralprediger.« Stattdessen sagte er: »Bist du jetzt überzeugt, weil du mich gesehen hast? Freuen dürfen sich alle, die mich nicht sehen und mir trotzdem vertrauen« (Johannes 20,29).

Tja, ich würde mich ja auch gerne auf Grund eines blinden Vertrauens freuen, aber ich konnte auf gar keinen Fall glauben, dass Jesus gestorben und dann von den Toten zurückgekehrt sein soll. So wie ich die Sache sah, war sein Tod am Kreuz nichts weiter als ein einziger, geschickter großer Betrug - wie sonst hätte er nach der Kreuzigung wieder auftauchen können? Trotzdem war ich jetzt zumindest davon überzeugt, dass Jesus wirklich von sich behauptet hatte, er sei Gott. Was eine weitere Frage aufwirft: Hat er gelogen?

Hat Jesus gelogen, als er behauptete, er sei Gott?

Nur weil Jesus behauptet hat, Gott zu sein, muss das noch lange nicht stimmen. Tatsächlich helfen wir doch alle gelegentlich der Wahrheit ein bisschen nach, um mehr aus uns zu machen, als wir sind - denk mal an den Ersatzspieler, der behauptet, seiner Mannschaft zum Sieg verholfen zu haben (und damit ein Mädchen beeindrucken will), oder die junge Frau, die angibt, jahrelange Erfahrung als Kellnerin zu haben (nur um einen Job als Popcornverkäuferin zu kriegen). Die meisten von uns haben gegen eine kleine Lüge hier und da gar nichts einzuwenden, solange dabei irgendwas für uns rausspringt.

Also, was sprang dabei für Jesus raus?

Für eine Lüge sterben?

Die älteste Biografie über Christus beschreibt, wie er vor Gericht gefragt wurde: »Bist du der versprochene Retter? Bist du der Sohn Gottes?« Jesu Antwort war sehr eindeutig. Er sagte nur: »Ich bin es!«

Jesus: Nur ein guter Mann?

Einige Leute behaupten, Jesus sei nur ein guter Mann gewesen, aber bestimmt nicht Gott. Aber so funktioniert die Sache nicht. Ein »guter Mann« würde nicht lügen und behaupten, Gott zu sein. Aber genau das hat Jesus ja getan. Bei Jesus scheint es um alles oder nichts zu gehen. Entweder ist er wirklich Gottes Sohn und hat also nicht gelogen, als er das sagte – oder er hat gelogen, aber dann wäre er nicht einmal ein guter Mann, denn »gute Männer« lügen nicht.

Der Oberste Priester hatte genau verstanden, was Jesus meinte, weil er anschließend wütend seine Kleider zerriss und sagte: »Ihr habt seine Gotteslästerung gehört!« Worin bestand die Lästerung? Jesus behauptete, er sei Gott! Dies war, wie ich herausfand, das Verbrechen, für das Jesus getötet wurde. (Du kannst den Fall nachlesen im Markus-Evangelium 14, Verse 60–64. Zugegeben, es steht »nur« im Neuen Testament, aber in Kapitel 5 und 6 wirst du sehen, dass ich einige sehr gute Gründe gefunden habe, die mich dazu veranlassten, auf die Glaubwürdigkeit der Bibel zu vertrauen; gerade was Jesus betrifft, ist sie äußerst genau. Vielleicht solltest du also mit deinem Urteil in der Gerichtssache warten, bis du meine Argumente *für* die Glaubwürdigkeit gelesen hast.)

An: Ben Witherington
Von: Lee Strobel
Betreff: Bin noch nicht überzeugt

Was macht dich so sicher, dass Jesus mehr war als nur ein guter Mann? Ich habe gehört, dass die Idee, er sei Gott, erst viele Jahre nach seinem Tod entstanden ist!

An: Lee Strobel
Von: Ben Witherington
Betreff: Re: Bin noch nicht überzeugt

Ach ja? Und warum haben die Römer ihn dann gekreuzigt? Wenn er »nur« ein guter Mann war, der ein paar nette Geschichten erzählt hat, warum hing er dann plötzlich am Kreuz? Irgendeinen Grund muss es haben, dass auf dem Schild über ihm stand: »Dies ist der König der Juden.« Entweder hat Jesus das selbst behauptet, oder jemand muss zumindest gedacht haben, er würde es tun.

Was hatte Jesus davon, wenn er sich als Gott ausgab? Er wurde grausam getötet.

Stell dir vor, jemand hält eine geladene Kanone an den Kopf des vorhin genannten Ersatzspielers und sagt: »Erzähl mir die Wahrheit! Hat deine Mannschaft wirklich nur deinetwegen gewonnen? Denn wenn das stimmt, werde ich dich erschießen!« Was glaubst du, wie lange der Spieler noch an seiner Lüge festhalten wird?

Jesus hat aber bis zum Ende an seiner Überzeugung festgehalten. Würde jemand wirklich freiwillig für etwas sterben, von dem er weiß, dass es eine Lüge ist?

Stellvertreter

Es gibt eine Geschichte über einen Offizier und einen Soldaten, die in den Rocky Mountains ein Überlebenstraining machten. Als sie sich so durch den Wald kämpften, stand auf einmal ein riesiger Grizzlybär vor ihnen. Es war klar, dass er sie gleich angreifen würde.

Der Offizier setzte sich schnell hin, riss sich die schweren Stiefel von den Füßen, schnappte sich ein paar Turnschuhe aus seinem Rucksack und zog sich diese an.

»Sind Sie verrückt?«, fragte der Soldat, »Sie können doch auf keinen Fall schneller rennen als der Bär!«

»Das brauche ich auch gar nicht«, rief der Offizier im Weglaufen, »solange ich schneller bin als *Sie!*«

Man muss kein Genie sein, um zu merken, wann es einem Anführer wirklich um seine Schützlinge geht und wann nicht. Vielleicht hast du mal für einen Trainer Fußball gespielt, dem es mehr um seine Karriere ging als um das Wohl der Mannschaft. Oder du hast für einen Boss gearbeitet, dessen einziges Ziel es war, möglichst viel Kohle zu scheffeln. In Situationen, in denen nur einer von euch weiterkommen kann, wird so jemand sich selbst nach vorne drängeln, so wie es der Hauptmann getan hat.

Was dachte Jesus, wer er sei? Jesus behauptete, Gott zu sein. Dafür wurde er getötet. Die Frage lautet: Würde Jesus wirklich für eine Lüge sterben wollen? Oder nahm er den Tod in Kauf, weil er selbst daran glaubte, dass er die Wahrheit sagte?

Ich kenne nur einen einzigen Weg, um herauszufinden, ob ein guter Anführer auf meiner Seite steht: Bleibt er stehen und kämpft mit dem Bären, um mich zu retten?

Für so eine Art von Anführer hielt Jesus sich. Nach Aussage des Markus-Evangeliums hat er seinen Jüngern gesagt, sein Auftrag sei es, »sein Leben als Lösegeld für alle Menschen hinzugeben« (Markus 10,45).

Er war bereit, den grausamsten aller Tode zu sterben, damit die Sünden aller Menschen vergeben werden und die Leute wieder zu Gott finden können. Es ist, als hätte der Offizier in der Geschichte gesagt: »Soldat, laufen Sie weg, ich kümmere mich um den Bär.«

Für mich war damit klar: Jesus behauptete nicht nur, Gott zu sein, er glaubte es auch selbst. Es war nicht nur ein Witz oder eine Lüge, als er sagte, er sei Gott. Schließlich wurde er deswegen umgebracht. Und niemand stirbt freiwillig für eine Lüge. Nicht, wenn er bei klarem Verstand ist.

Was eine weitere Frage aufwirft: *War* Jesus bei Verstand?

Das Christentum: eine intolerante Religion?

Einer der »unverschämtesten« Ansprüche Jesu war der: »*Ich* bin der Weg, der zur Wahrheit und zum Leben führt. Einen anderen Weg zum Vater gibt es nicht« (Johannes 14,6).

Von allen Dingen, die er jemals gesagt hat, ist Jesus damit wahrscheinlich am ehesten angeeckt. Jeder andere, der das gesagt hätte, wäre als arrogant, intolerant und engstirnig abgestempelt worden. Es ist eine Sache, *ein* Weg zu sein – aber *der* Weg? Das hört sich ausgesprochen selbstgerecht an.

Auf unserer Welt gibt es zahllose Religionen. Im Grundgesetz der Bundesrepublik Deutschland ist das Recht, seine Religion frei auszuüben, fest verankert. Von Rechts wegen sind (zumindest in den meisten Ländern) alle Religionen gleich. Die meisten Menschen werden dir sagen, dass man auf der individuellen spirituellen Reise viele Wege beschreiten kann, aber letztlich alle Religionen irgendwie zum selben Gott führen.

Aber als ich mich intensiver mit dem Christentum beschäftigte, da bemerkte ich einen großen Unterschied zu allen anderen Religionen: Überall sonst muss man etwas *tun*, um Gott gnädig zu stimmen. Man muss Gutes tun, die richtigen Lieder singen, tibetanische Gebetsräder benutzen, eine Reihe von Wiedergeburten durchlaufen oder ähnliche religiöse Praktiken befolgen.

Im Gegensatz dazu basiert das Christentum auf dem, was (der Bibel zufolge) Christus am Kreuz bereits *getan* hat! Glaubt man der Bibel, dann kann sich niemand die Gnade Gottes *verdienen*; vielmehr sind Vergebung und ewiges Leben Geschenke von Gott.

Stell dir zwei Clubs vor. Der eine ist sehr exklusiv; es gibt eine lange Reihe von Regeln und man kommt nur als Mitglied hinein. Die Mitgliedschaft muss man sich verdienen, zum Beispiel durch Geld oder gute Noten. Und es gibt eine ganze Menge von Leuten, die einfach nicht hineinkommen, egal, wie sehr sie sich auch anstrengen. Sie sind nicht gut oder reich genug, vielleicht sind sie zu hässlich oder haben Mundgeruch. Deswegen werden sie ausgeschlossen. Und genau so funktioniert jede andere Religion, da die Menschen überall etwas tun müssen, um sich die Gnade ihres Gottes zu verdienen.

Aber in dem anderen Club stehen alle Türen weit offen und ein großes Schild hängt darüber: »Alle Leute, die Mitglied werden wollen, können reinkommen! Egal, ob du reich oder arm, schwarz oder weiß, Akademiker oder Hauptschüler bist, bitte tritt ein! Wir würden dich gerne aufnehmen! Alles, was du tun musst, ist, diese Einladung anzunehmen.« Und genau so funktioniert, laut der Bibel, das Christentum.

Ist Jesus ein bisschen arrogant, wenn er sagt, er sei der *einzige* Weg zu Gott? Wenn man sich anschaut, wie viele Leute er damit auf den ersten Blick ausschließt, dann könnte man das schon so sagen. Aber schließt Jesus wirklich Leute aus? Das ist eine andere Frage. Was glaubst du?

Kapitel 3

War Jesus bei Verstand, als er sagte, er sei Gott?

In einem der Gerichtsfälle, über den ich für die *Chicago Tribune* berichtete, war eine sanftmütige Hausfrau angeklagt, ihren Ehemann ermordet zu haben. Auf den ersten Blick sah sie unschuldig und friedfertig aus, so wie eine typische Mutter aus den Werbespots der 50er Jahre - gut gekleidet, angenehm und freundlich, als hätte sie gerade ein Blech Schokoladenkekse für die Kinder in der Nachbarschaft gebacken. Ich verdrehte unwillkürlich die Augen, als ein Psychologe aussagte, dass diese Frau geistig nicht in der Lage sei, den Prozess durchzustehen.

Dann rief der Richter sie in den Zeugenstand. Zunächst waren ihre Aussagen klar und verständlich. Aber nach und nach wurden sie immer bizarrer und unglaubwürdiger, bis sie schließlich mit aller Ernsthaftigkeit erzählte, wie sie von einer Berühmtheit nach der anderen vergewaltigt worden sei, einschließlich dem Geist von Napoleon. Nach ihrer Aussage gab es im Gerichtssaal niemanden mehr, der daran zweifelte, dass sie überhaupt keinen Bezug mehr zur Realität hatte. Der Richter wies sie in eine psychiatrische Klinik ein, bis es ihr wieder gut genug ging und sie die Anklagen gegen sich verstehen konnte.

Was hat das alles mit Jesus zu tun? In Kapitel 2 habe ich versucht zu beweisen, dass Jesus wirklich von sich behauptet hat, Gott zu sein. Das wirft natürlich die Frage auf, ob er vielleicht geisteskrank war, als er das sagte.

Alles nur Einbildung?

Es laufen eine ganze Menge Leute herum, die zwar geistig gestört sind, aber dennoch nicht in der Klapsmühle landen. Einige von ihnen haben sogar Anhänger, so zum Beispiel Marshall Herff Applewhite, der Führer des *Heaven's Gate*-Kultes, der seine Jünger dazu gebracht hat, sich neue schwarze Nike-Schuhe anzuziehen, einen leckeren, vergifteten Pudding zu essen, sich zum Sterben hinzulegen und zu hoffen, dass irgendein Raumschiff vorbeikommt und sie zu einem anderen Planeten bringt.

Applewhite glaubte so sehr an diese Außerirdischen, dass er bereit war, dafür in den Tod zu gehen. Oder die Selbstmordattentäter, die die Flugzeuge in das World-Trade-Center flogen. Sie waren so überzeugt von ihrer Sache, dass sie bereit waren, dafür zu sterben. Aber dennoch befanden sie sich im Unrecht. Alle dachten, sie seien weitaus größer und wichtiger, als sie es in Wirklichkeit waren. Vielleicht ist mit Jesus ja das Gleiche passiert? (Weitere Symptome von »Verrücktheit« sind in dem Kasten »Anzeichen für Geisteskrankheiten« aufgelistet.)

In einer Folge der »Simpsons« wird Homer in eine Irrenanstalt eingeliefert. Sein Zimmernachbar behauptet, Michael Jackson zu sein. Und weil er Michael Jackson sehr gut imitieren kann, überzeugt er Bart am Telefon, dass er tatsächlich Michael Jackson *ist*. Homer nimmt »Michael« mit nach Hause und Bart trommelt dafür die ganze Nachbarschaft zusammen. Als das Auto vor dem Haus der Simpsons vorfährt, stehen halb Springfield, der Bürgermeister, Dutzende Fernsehteams und alle Freunde von Bart dort und warten gespannt. Du kannst dir vorstellen, wie die sich gefühlt haben müssen, als der Star, den sie alle erwartet hatten, sich als ein fetter, weißer, kahlköpfiger Typ aus New Jersey herausstellte?

Anzeichen für Geisteskrankheiten

Weil es leider unmöglich ist, in der Zeit zurückzureisen und Jesus von einem Psychologen untersuchen zu lassen, habe ich einen führenden Psychologen, Dr. Gary Collins, zum Thema Geisteskrankheiten interviewt. Er hat mir ein paar Symptome genannt, anhand derer man feststellen kann, ob jemand mental in Ordnung ist.

Symptome	Wie war Jesus?
Unangemessene Reaktionen • plötzlich auftretende Depressionen • übertriebene oder irrationale Wutausbrüche	*Jesu Reaktionen* • Er weinte am Grab seines Freundes Lazarus (Johannes 11,1–44). • Er verjagte die Händler aus dem Tempel, die ihren Vorteil aus der Not der anderen zogen (Lukas 19,45–46). Hältst du diese Reaktionen für angebracht?
Realitätsverlust und Paranoia Angst vor eingebildeten Gefahren	• Er glaubte, einer seiner engsten Freunde werde ihn verraten – und er hatte Recht (Matthäus 26,14–35.47–50). • Er blieb ruhig und sachlich, als er vor Gericht stand (Markus 15,1–15).
Ungeordnetes Denken Unfähigkeit, logische Unterhaltungen zu führen; Irrationalität	Bei Matthäus heißt es: »Alle waren von seinen Worten tief beeindruckt. Denn er sprach wie einer, der Vollmacht von Gott hat« (7,28–29). Im gleichen Evangelium, Kapitel 5 und 6, kannst du eine von Jesu Predigten lesen und selbst urteilen.

Wenn ein fetter, weißer, kahlköpfiger Typ aus New Jersey glaubt, er sei *der* Michael Jackson, dann ist er verrückt. Eigentlich ist so ziemlich jeder verrückt, der glaubt, Michael Jackson zu sein – alle, bis auf einen. Wenn Michael Jackson behauptet, er sei Michael Jackson, dann ist das nicht verrückt, dann ist es die Wahrheit (Vielleicht findest du, dass Michael Jackson trotzdem irgendwie verrückt ist, aber darum geht es hier nicht.). Und wenn Michael Jackson aus irgendeinem Grund plötzlich in deiner Nachbarschaft auftauchen würde, dann wüssten alle, dass er es wirklich ist. Zum einen würde er nämlich so aussehen wie Michael Jackson, und nicht wie ein fetter, weißer, kahlköpfiger Typ aus New Jersey. Zum anderen könnte er den »Moonwalk« tanzen und wahrscheinlich als einziger den Song »Thriller« auswendig singen und entsprechende Bewegungen machen. Egal, was er täte, er gäbe sicher genügend Beweise für seine Identität, um alle davon zu überzeugen, dass er wirklich der ist, der er zu sein behauptet.

Es ist nur dann verrückt,
sich für Michael Jackson zu halten,
wenn man nicht Michael Jackson ist.

Es ist nur dann verrückt,
sich für Gott zu halten,
wenn man nicht Gott ist.

Die Frage ist also, ob es irgendwelche Beweise dafür gibt, das Jesus der war, der er zu sein behauptete. Scheinbar hatten auch damals viele Leute so ihre Zweifel. Im Johannes-Evangelium steht, dass die »Leute geteilter Meinung über Jesus waren. Viele von ihnen sagten: ›Er ist von einem bösen Geist besessen. Er ist verrückt! Warum hört ihr ihm überhaupt zu?‹ Aber andere meinten: ›So redet kein Besessener! Und wie kann ein böser Geist blinde Menschen sehend machen?‹« (Johannes 10,19-21).

Wenigstens ein paar Leute, damals wie heute, waren der Ansicht, es sei nicht verrückt zu behaupten, man sei Gott - zumindest solange man das mit den Dingen bestätigen konnte, die Jesus eben tat: Blinden die »Augen öffnen«, damit sie wieder sehen konnten; Kranke heilen; übers Wasser gehen; Brote und Fische vermehren, sodass von einem kleinen Bisschen viele tausend Menschen satt werden - kurz gesagt: Wunder.

Wundertäter oder Meisterhypnotiseur?

Wenn seine Wunder der Schlüssel zu der Frage sein sollten, ob er derjenige ist, der er vorgab zu sein, dann musste ich mehr darüber erfahren. Nun gibt es zwar eine Menge Leute - religiös oder nicht religiös -, die keine Probleme damit haben, an Wunder zu glauben (dazu der Kasten: »Die Psychologie und das Übernatürliche«), aber ich gehörte nicht zu dieser Sorte. Wenn mir irgendetwas vermeintlich Übernatürliches zustieß, dann suchte ich zuerst nach jeder erdenklichen *natürlichen* Erklärung für das Geschehen - vielleicht war es ja eine Täuschung -, ehe ich bereit war, an ein Wunder zu glauben.

Eine der häufigsten Erklärungen für die Wunder von Jesus, die ich gehört habe, ist Hypnose.

Die Psychologie und das Übernatürliche

»Unsere Gesellschaft geht völlig in ›Spiritualität‹ auf. Das ist ein Begriff, der fast alles bedeuten kann, aber er kennt das Übernatürliche an. Es ist sehr interessant, was Psychologen heutzutage alles glauben. Manche halten es mit fernöstlicher Mystik, andere reden darüber, wie die Kraft von Schamanen das Leben von Menschen beeinflussen kann. Während noch vor 25 Jahren der Gedanke an dämonisches Wirken sofort verworfen worden wäre, fangen viele Psychologen heute an zu erkennen, dass es mehr Dinge zwischen Himmel und Erde gibt, als wir erklären können.«
Gary Collins, Psychologe

Hast du jemals einem Hypnotiseur bei der Arbeit zugesehen? Er kann einem Menschen Wasser zu trinken geben und ihm einreden, es sei Alkohol. Und der Hypnotisierte glaubt es wirklich! Manchmal fängt der Betreffende sogar an zu lallen und zu schwanken, als ob er ein paar Flaschen Licher Pilsner zu viel getrunken hätte.

Ist es nicht möglich, dass Jesus die Gäste auf der Hochzeit in Kana auf diese Weise davon überzeugt hat, er hätte Wasser zu Wein gemacht? (Die ganze Geschichte kannst du bei Johannes, 2, Verse 1–11 lesen.) Wenn Jesus ein Meisterhypnotiseur war, könnte das nicht alle seine Wunder erklären?

Hypnose	Wunder
Einzelne und große Gruppen Hypnotiseure sprechen mit einer sanften, beruhigenden Stimme zu ihrem Publikum und sehen an den Reaktionen, welcher Zuschauer »empfänglich« ist. Genau diese nehmen sie dann als Freiwillige. In größeren Gruppen gibt es immer auch Menschen, die unempfänglich für Hypnose sind.	*Viele Augenzeugen* Bei einigen Wundern Jesu waren sehr viele Zeugen anwesend, zum Beispiel als Jesus mehr als 5 000 Leute mit ein paar Broten und Fischen satt gemacht hat (Matthäus 14,13–21). Alle 5 000 hätten für Hypnose empfänglich sein müssen!
Freiwillige Vielleicht hast du schon davon gehört, dass man nur hypnotisiert werden kann, wenn man das auch will. Größtenteils stimmt das. Prinzipiell kann man keine Skeptiker oder Zweifler hypnotisieren.	*»Unfreiwillige«* Viele der Wunder wurden auch von Skeptikern und Zweiflern beobachtet – zum Beispiel von den jüdischen Anführern, die ganz bestimmt keine Beweise dafür wollten, dass Jesus Gott ist, oder von Thomas dem Zweifler oder Saulus aus Tarsus, der die Christen lange Zeit verfolgt hat, bis er eines Tages auf wundersame Weise verwandelt wurde (lies nach: Apostelgeschichte 9, Verse 1–19).
Die Macht der Einbildung Der Schlüssel zur Hypnose ist natürlich, dass der Hypnotiseur der Person das eintrichtert, was er oder sie glauben soll. Man kann nicht hypnotisieren, ohne direkten Kontakt zu der Person zu haben.	*Wasser zu Wein* Als Jesus Wasser in Wein verwandelt hat, sprach er ausschließlich mit dem Mundschenk; mit den Leuten, die den Wein dann tranken, hat er nicht geredet. Er hat ihnen nicht einmal erzählt, dass das jetzt Wein statt Wasser sei (Johannes 2,1–11).

Als ich mich genauer mit der Sache auseinander setzte, wurde diese Hypothese immer unglaubwürdiger. Insgesamt ist die Hypnose-Theorie zur Erklärung der Wunder Jesu äußerst dürftig. Wenn man den Berichten des Neuen Testamentes trauen kann (mit dieser Frage habe ich mich in den Kapiteln 5 und 6 beschäftigt), dann sieht es so aus, als konnte Jesus seine Ansprüche mit wirklich eindrucksvollen Beweisen untermauern.

Glaube hat Gründe

Hast du dir nicht auch schon mal dein Leben angeschaut und dich gefragt: »Das soll schon alles sein?« Vielleicht läuft ja im Moment alles ganz gut für dich, aber irgendetwas fehlt vielleicht noch. Du bist nicht so zufrieden, wie du es dir wünschst. Du hattest gedacht, du würdest glücklicher werden, wenn du endlich in die Fußballmannschaft aufgenommen wirst, wenn du endlich deinen Schulabschluss hast oder wenn du mit einer bestimmten Person zusammen bist. Du hattest erwartet, dass dann alles besser werden würde. Aber das geschah nicht. Irgendetwas fehlte.

Als ich noch für die *Chicago Tribune* arbeitete, ging ich eines Tages in das Archiv dieser Zeitung, wo alle erschienenen Artikel aufbewahrt werden. Ich hatte vor Jahren einen Artikel geschrieben, den ich mir jetzt noch einmal ansehen wollte. Die Archivarin brachte mich zu einem großen Schrank.

»Wir fertigen von jedem Artikel eine Kopie an«, sagte sie mir, »und sortieren ihn unter dem Namen des Autors ein.« Sie zog eine bestimmte Schublade aus dem Schrank. Diese war voller fein säuberlich geordneter Artikel und auf jedem klebte ein kleines gelbes Schild: LEE STROBEL. »Da wären wir«, sagte sie, »das sind alles Ihre Artikel.«

Ich war seltsamerweise aufgeregt, als ich mir die Schublade ansah. Hier lag das Ergebnis der Arbeit meines ganzen Lebens, alles, was ich je für die *Tribune* geschrieben hatte. Und dann traf es mich wie ein Schlag: *Dafür verkaufst du deine Seele? Ich verschwende mein Leben für eine Schublade voller sauber gefalteter Zeitungsartikel, die jetzt schon anfangen zu vergilben und zu zerfallen?* In diesem Moment sah das nicht sehr nach einem fairen Tausch aus. Jemand hatte mich übers Ohr gehauen!

Andere Leute verkaufen ihre Seele für eine Schublade voller Einkaufsrechnungen oder ein Regal mit Trophäen, fünfstellige Summen auf ihrem Konto, für einen Stapel Fotos von Menschen, mit denen sie Sex hatten, oder eine Sammlung leerer Flaschen. Ist das wirklich ein fairer Tausch?

Dieser Gedanke beschäftigte mich, als ich mir Jesu Leben angeschaut hatte. Er hat so sehr an etwas geglaubt, dass er sein Leben dafür gab – ohne es zu bedauern. Ich fragte mich, was wohl verrückter wäre: für eine Sache, an die man wirklich glaubt, zu leben und sogar zu sterben, oder das Spiel des Lebens einfach mitzumachen, bis man irgendwann stirbt.

Was ist verrückter: Für eine Sache, an die man wirklich glaubt, zu leben und sogar zu sterben, oder das Spiel des Lebens einfach mitzumachen bis man irgendwann stirbt?

Soweit ich das beurteilen konnte, zeigte Jesus keine Anzeichen einer Geisteskrankheit. Ich konnte also seine Behauptung, Gott zu sein, nicht einfach abtun, indem ich sagte, er sei verrückt gewesen. Aber Jesus ist auch nicht einfach aufgetaucht und hat gesagt: »Ich bin Gott«, sondern er hat behauptet, ein ganz bestimmter Mann zu sein: der Messias. Das Alte Testament ist voller Prophezeiungen und Vorhersagen, wie der Messias sein und was er tun sollte. Trafen sie auf Jesus zu?

Kapitel 4

War Jesus wirklich der Messias?

Ich habe in meinem Leben zahllose Artikel über Voraussagen über die Zukunft geschrieben. Das ist einer der Jobs, den man als junger Reporter für die Silvesterausgabe der Zeitung immer erledigen muss. Also weiß ich, wie wenige Voraussagen tatsächlich auch eintreffen. In Chicago behaupten die Leute zum Beispiel jedes Jahr wieder, dass die *Cubs*, die Baseballmannschaft der Stadt, den Meisterpokal holen werden. Und *das* ist bisher ganz bestimmt noch nicht passiert!

In den jüdischen Schriften, die die Christen das »Alte Testament« nennen, finden sich ein paar Dutzend Prophezeiungen über das Kommen des Messias, den Gott senden soll, um sein Volk zu erlösen. Diese Vorhersagen und die darin genannten Charakteristika bieten den Juden eine Möglichkeit, Betrüger zu entlarven und die Glaubwürdigkeit des echten Messias zu beurteilen.

»Messias« ist das griechische Wort für »Christus«. Aber war Jesus wirklich der Christus? Hat er all die Prophezeiungen erfüllt, die Hunderte von Jahren vor seiner Geburt geschrieben wurden?

Ein jüdischer Junge aus New Jersey

Um eine Expertenmeinung zu dem Thema zu hören, entschloss ich mich, mit Louis Lapides zu reden. Er wuchs in einer jüdischen Familie in Newark, New Jersey, auf. Für jemanden mit seinem Hintergrund ist die Frage, ob Jesus der lang erwartete Messias war, mehr als nur graue Theorie. Es ist eine unglaublich persönliche Frage. Sie entscheidet für einen Juden über sein Schicksal. Ich wollte wissen, wie er mit dem Thema umgegangen war.

Was bringt mir Religion?

»Meine Eltern haben sich scheiden lassen, als ich 17 war«, erzählte Lapides – und nach all diesen Jahren spürte ich überraschenderweise noch immer einen verborgenen Schmerz in seiner Stimme. »Spätestens da verlor ich den Glauben, wenn ich jemals einen gehabt habe. Ich fragte mich, warum Gott nichts dagegen tat? Warum sind meine Eltern nicht zu einem Rabbi gegangen? Wofür soll Religion gut sein, wenn sie den Menschen nicht ganz praktisch helfen kann? Meinen Eltern hatte sie nicht geholfen. Und als ihre Ehe zu Bruch ging, zerbrach auch ein Teil von mir.

**Was hat Gott mit mir zu tun?
Interessiert er sich überhaupt für mich?**

Hinzu kam, dass ich das Gefühl hatte, dass man im Judentum eigentlich nicht wirklich eine persönliche Beziehung zu Gott hat. Ich hatte eine Menge schöner Zeremonien und Traditionen, aber Gott war immer der distanzierte und abwesende Gott vom Berg Sinai, der sagte: ›Hier sind die Gebote – wenn du dich daran hältst, ist alles okay. Wir sehen uns später.‹ Und da stand ich nun, ein pubertierender Jugendlicher, und fragte mich, was Gott mit meinen Problemen zu tun hatte. Kümmerte er sich um mich persönlich? Wenn ja, dann merkte ich zumindest nichts davon.«

Kurz nach der Scheidung seiner Eltern wurde Lapides zum Militärdienst eingezogen. Und so fand er sich 1967 am anderen Ende der Welt auf einem Frachtschiff wieder, das Munition, Bomben, Raketen und andere hochexplosive Stoffe geladen hatte – und damit ein beliebtes Ziel des Vietkong war.

Lapides berichtete weiter: »Ich erinnere mich noch daran, dass man uns vorher zu unserer Info über Vietnam gesagt hatte: ›20 % von euch werden vermutlich umkommen und die restlichen 80 % werden wahrscheinlich Geschlechtskrankheiten bekommen, alkohol- oder drogenabhängig werden.‹ Ich dachte, dass ich somit nicht einmal eine einprozentige Chance hatte, normal herauszukommen!«

Lapides überlebte Vietnam, war auf den Geschmack gekommen, als er seine erste Marihuana-Zigarette geraucht hatte, und trug sich mit dem Gedanken, buddhistischer Priester zu werden. »Ich ging zu den Buddhisten, aber das war irgendwie hohl«, erzählte er. »Ich ging zu Scientology-Versammlungen, aber die waren zu manipulativ und kontrollierend. Die Hinduisten glaubten an diese ganzen verrückten Orgien, die die Götter abhielten, und an Götter, die blaue Elefanten waren. Nichts davon machte Sinn; nichts befriedigte meine Sehnsüchte wirklich.«

»Ich kann nicht an Jesus glauben!«

Eine Religion, mit der Lapides sich gar nicht erst auseinander setzen wollte, war das Christentum. Als ein Christ einmal den Namen Jesus ins Gespräch brachte, versuchte Lapides, ihn mit seiner Standardantwort abzuspeisen: »Ich bin Jude«, sagte er. »Ich kann nicht an Jesus glauben.«

Ein Pastor äußerte sich. »Kennst du die Prophetien über den Messias?«, fragte er.

Lapides war überrumpelt. »Welche Prophetien?«, fragte er. »Davon habe ich nie etwas gehört.«

Der Pastor erschreckte Lapides, indem er sich auf einige alttestamentliche Weissagungen bezog. *Moment mal!,* dachte Lapides. *Er zitiert meine jüdischen Schriften. Wie kann da etwas von Jesus stehen?*

Als der Pastor ihm eine Bibel anbot, war Lapides skeptisch. »Ist da auch das Neue Testament drin?«, fragte er. Der Pastor nickte. »Gut, ich werde das Alte Testament lesen, aber das Neue werde ich nicht aufschlagen.«

Die Antwort des Pastors erstaunte ihn. »Prima«, sagte der Pastor. »Lies einfach das Alte Testament, und bitte den Gott von Abraham, Isaak und Jakob, den Gott Israels, dir zu zeigen, ob Jesus der Messias ist. Denn er ist euer Messias. Er kam in erster Linie zum jüdischen Volk und wurde dann auch zum Retter der Welt.«

Für Lapides war das eine neue Information. Beunruhigend und erstaunlich. Also ging er zurück in seine Wohnung, schlug das erste Buch des Alten Testamentes, Genesis, auf und suchte Jesus in Worten, die Hunderte von Jahren vor der Geburt des Handwerkers aus Nazareth geschrieben worden waren.

Ein Bild von Jesus

»Schon bald las ich jeden Tag im Alten Testament«, erzählte Lapides, »und fand eine Prophetie nach der anderen.«

Als Lapides sich weiter durch die Bibel durcharbeitete, hielt er beim 53. Kapitel des Buches Jesaja inne (siehe Kasten »Vorhersagen über den Messias«). Hier fand sich völlig klar und konkret in einer eindringlichen Prophezeiung, eingepackt in feine Poesie, ein Bild des Messias, der für die Verbrechen Israels und der Welt leiden und sterben würde. Und das war über 700 Jahre vor Jesus geschrieben worden.

Sofort erkannte Lapides, von wem hier die Rede war: von Jesus von Nazaret! Die Juden im Alten Testament versuchten, ihre Sünden durch ein System von Tieropfern zu büßen; und hier war Jesus, das Opferlamm Gottes, das ein für alle Mal für alle Verbrechen bezahlte. Hier war die Personifikation von Gottes Erlösungsplan!

Diese Entdeckung war für Lapides so atemberaubend, dass er nur zu einem Schluss kommen konnte: Es war Betrug! Er war überzeugt, dass die Christen das Alte Testament umgeschrieben und die Worte Jesajas so verdreht hatten, dass sie so klangen, als hätte der Prophet Jesus ankündigen wollen.

Lapides machte sich daran, den Betrug aufzuklären. »Ich bat meine Stiefmutter, mir eine jüdische Bibel zu schicken, damit ich das selbst überprüfen konnte«, erzählte er. »Sie tat es und was denken Sie wohl? Ich merkte, dass dort dieselben Worte standen! Jetzt musste ich mich wirklich damit auseinander setzen.«

Heilung

Lapides flüchtete sich mit einigen Freunden in die Mojawe-Wüste. Er fühlte sich geistlich zerrissen. Alpträume, in denen er von Hunden in verschiedene Richtungen gezerrt wurde, hatten ihn beunruhigt. Als er unter einem Busch in der Wüste saß, erinnerte er sich an das, was einer der Christen auf dem *Sunset Strip* zu ihm gesagt hatte: »Du musst wählen: Entweder stehst du auf der Seite Gottes oder auf der Seite Satans.«

Nach allem, was er in Vietnam gesehen hatte, wusste er über das Böse Bescheid – und das war nicht die Seite, auf der er stehen wollte. Also betete Lapides: »Gott, ich will diesen Kampf endlich beenden. Ich muss absolut sicher wis-

Vorhersagen über den Messias

»Alle verachteten und mieden ihn;
denn er war von Schmerzen und Krankheit gezeichnet.
Voller Abscheu wandten wir uns von ihm ab.
Wir rechneten nicht mehr mit ihm.
In Wahrheit aber hat er die Krankheiten auf sich genommen,
die für uns bestimmt waren, und die Schmerzen erlitten,
die wir verdient hatten. Wir meinten, Gott habe ihn gestraft
und geschlagen; doch wegen unserer Schuld wurde er gequält
und wegen unseres Ungehorsams geschlagen.
Die Strafe für unsere Schuld traf ihn und wir sind gerettet.
Er wurde verwundet und wir sind heil geworden.
Wir alle waren wie Schafe, die sich verlaufen haben;
jeder ging seinen eigenen Weg. Ihm aber hat der Herr
unsere ganze Schuld aufgeladen.
Er wurde misshandelt, aber er trug es, ohne zu klagen.
Wie ein Lamm, wenn es zum Schlachten geführt wird,
wie ein Schaf, wenn es geschoren wird,
duldete er alles schweigend, ohne zu klagen.
Er wurde verhaftet, verurteilt und hingerichtet,
und keiner hat sich darum gekümmert.
Und doch wurde er wegen der Schuld seines Volkes getötet.
Man begrub ihn zwischen Verbrechern,
mitten unter den Ausgestoßenen,
obwohl er kein Unrecht getan hatte und nie ein
unwahres Wort aus seinem Mund gekommen war [...].
Er ging in den Tod und ließ sich unter die Verbrecher zählen.
Aber er trug die Strafe für viele und trat
für die Schuldigen ein.«
Jesaja 53,3–9.12

sen, dass Jesus der Messias ist. Ich muss wissen, dass du, der Gott Israels, willst, dass ich das glaube.«

An diesem Punkt zögerte Lapides. Er war nicht sicher, wie er das in Worte fassen sollte, was dann passierte: »Am besten lässt sich diese Erfahrung so beschreiben, dass Gott direkt zu meinem Herzen gesprochen hat. Er überzeugte mich davon, dass er existiert. Und an diesem Punkt sagte ich da draußen in der Wüste in meinem Herzen: ›Gott, ich nehme Jesus in mein Leben auf. Ich bin mir nicht sicher, was genau ich mit ihm anfangen soll, aber ich möchte ihn in meinem Leben haben. Ich habe ziemlich viel Chaos in meinem Leben angerichtet; ich brauche deine Hilfe, wenn ich mich verändern soll.‹«

Und Gott setzte einen Prozess in Gang, der bis zum heutigen Tag anhält. »Meine Freunde merkten, dass sich mein Leben veränderte, aber sie konnten es nicht verstehen«, sagte er. »Sie erkannten, dass in der Wüste irgendetwas mit mir passiert war, weil ich keine Drogen mehr nahm. Sie merkten, dass etwas anders war.

»Meine Freunde merkten, dass sich mein Leben veränderte, aber sie konnten es nicht verstehen.«

Ich konnte es ihnen nicht richtig erklären. Ich konnte ihnen nur sagen, dass jemand in mein Leben getreten war, der heilig und gerecht ist ... und dass ich mich einfach heil fühlte.«

Das Wort »heil« schien alles zu sagen. »Heil«, betonte er, »wie ich mich nie zuvor gefühlt hatte.«

Prophezeiungen auf dem Prüfstand

Als ich im Alten Testament Jesaja, Kapitel 53 las, wie Lapides es getan hatte, fand ich eine unmissverständliche Beschreibung des gekreuzigten Jesus - obwohl der Text über 700 Jahre vor den Ereignissen geschrieben worden war. Das ist, als würde ich versuchen vorherzusagen, was mit den *Chicago Cubs* im Jahr 2700 passiert! Insgesamt gibt es ca. 60 Prophezeiungen, die den Messias betreffen, und je intensiver ich mich mit ihnen beschäftigte, desto schwerer wurde es, eine andere Erklärung dafür zu finden, warum sie eintraten.

Täuschungstaktiken?

Mein erstes Argument lautete: Vielleicht hat Jesus sein Leben absichtlich so inszeniert, dass er die Prophezeiungen erfüllte und es so aussah, als sei er der Messias. Zum Beispiel sagt der Prophet Sacharja in Kapitel 9, Vers 9 seines Buches vorher, dass der Messias auf einem Esel nach Jerusalem kommen würde. Möglicherweise hatte Jesus, als er mit seinen Jünger die Stadttore erreichte, ihnen befohlen: »Los, holt mir einen Esel. Ich will die Leute dazu bringen zu glauben, ich sei der Messias. Irgendwie sehne ich mich danach, zum Tode verurteilt zu werden.«

Aber dieses Argument konnte ich streichen, als ich Prophezeiungen las, deren Erfüllung Jesus auf keinen Fall arrangiert haben konnte, wie zum Beispiel seinen Geburtsort (den der Prophet Micha Hunderte von Jahren vorher angekündigt hatte), seinen eigenen Stammbaum, der Betrag, für den er verkauft wurde, wie er umkommen würde, dass seine Knochen nicht gebrochen werden (im Gegensatz zu den beiden Verbrechern, die an seiner Seite gekreuzigt wurden), wie die Soldaten um seine Kleider würfelten, und so weiter und so fort (siehe Kasten).

Könnte Jesus sein Leben so inszeniert haben, dass er die Prophezeiungen erfüllte?

	Prophezeiungen	Jesu Leben
Geburtsort	»Doch dir, Bethlehem im Gebiet der Sippe Efrat, lässt der Herr sagen: ›So klein du bist unter den Städten in Juda, aus dir wird der Mann kommen, der künftig Israel führen wird. Sein Ursprung liegt in ferner Vergangenheit‹« (Micha 5,1).	Jesus wurde in Bethlehem geboren (vgl. Matthäus 2,1).
Stammbaum	»›Der Tag kommt‹, sagt der Herr, ›an dem ich aus der Nachkommenschaft Davids einen Mann berufe, der dem Namen Davids wieder Ehre macht [...]. Dieser König wird den Namen tragen: Der Herr ist unsere Rettung!‹« (Jeremia 23,5.6).	Jesus war ein Nachkomme Davids
Blutgeld	»Ich sagte zu ihnen: ›Wenn ihr wollt, gebt mir jetzt meinen Lohn, wenn nicht, verzichte ich darauf.‹ Da zählten sie mir dreißig Silberstücke ab und gaben sie mir. Darauf sagte der Herr zu mir: ›Diese stolze Summe bin ich ihnen also wert! Wirf das Silber dem Schmelzer hin!‹ Ich nahm die dreißig Silberstücke und warf sie im Tempel dem Mann hin, der das Gold und das Silber einschmilzt« (Sacharja 11,12–13).	Judas Iskariot verriet Jesus für dreißig Silberstücke. Später warf Judas das Geld in den Tempel und ging, und die Priester beschlossen, mit dem Geld einen Töpferacker zu kaufen (Matthäus 26,15; 27,5.7).
um die Kleider würfeln	»Schon losen sie um meine Kleider und verteilen sie unter sich« (Psalm 22,19).	Als Jesus gekreuzigt wurde, losten die Soldaten untereinander seine Kleider aus (Matthäus 27,35).

Alles bloß Zufall?

Mein zweites Argument war, dass Jesus all die Voraussagen durch Zufall erfüllt haben könnte. Vielleicht gab es mehrere Leute in der Geschichte, die in das Bild des Messias gepasst haben, aber Jesus hatte einfach den besten Werbemanager, und nur deswegen geht man davon aus, dass er eben der Messias war.

Aber als ich ein Buch von Peter Stoner las, einem Mathematik-Professor im Ruhestand, wurde auch das Zufalls-Argument entkräftigt. Stoner arbeitete mit 600 ehemaligen Studenten daran, die Wahrscheinlichkeit auszurechnen, dass auch nur 8 der Prophezeiungen des Alten Testaments von einer Person erfüllt werden könnten. (Frag mich nicht, warum er ausgerechnet acht Prophezeiungen genommen hat. Mathematiker tun manchmal komische Dinge.) Die Wahrscheinlichkeit dafür beträgt eins zu einhundert Millionen Milliarden. Das ist eine 1 mit 17 Nullen!

Wenn dir das nicht anschaulich genug ist, dann stell dir vor, die ganze Welt wäre mit Kronkorken bedeckt - jeder Zentimeter trockener Erde auf dem ganzen Planeten, und nur unter einem einzigen ist ein rotes Kreuz.

Und jetzt stell dir eine Person vor, die ihr ganzes Leben lang über den Planeten wandert. Sie läuft und läuft und läuft über alle Erdteile, und nur ein einziges Mal darf sie sich bücken und einen Kronkorken aufheben. Wie groß ist die Wahrscheinlichkeit, dass sich auf der Rückseite ein rotes Kreuz befindet? Eins zu hundert Millionen Milliarden. Genauso groß wie die Chance, dass acht Prophezeiungen bei einer Person in der Geschichte der Menschheit durch Zufall wahr werden!

Diese Statistik hat mich davon überzeugt, dass Jesus nicht durch Zufall wie der Messias ausgesehen haben kann.

Ein lohnender Einsatz?

Jesus sagte, er komme, um die Prophezeiungen zu erfüllen. »Alles, was im Gesetz Moses, in den Schriften der Propheten und in den Psalmen über mich steht, muss in Erfüllung gehen« (Lukas 24,44). Ich begann zu glauben, dass sie wirklich in Erfüllung gegangen waren – (nur) in Jesus Christus.

Ich stellte mir vor, jemand würde mir eine Wette anbieten und nur in einem von 100 Millionen Milliarden Fällen könnte ich verlieren. In so ein bombensicheres Ding würde ich alles investieren, was ich besitze! Und ich überlegte mir: »Bei diesen Chancen – vielleicht sollte ich mal darüber nachdenken, mein Leben in Jesus zu investieren.«

Aber genauso, wie ich mir keine Aktien kaufen würde, wenn ich nicht wüsste, dass mein Informant absolut zuverlässig ist, wollte ich mein Leben nicht in Jesus investieren, ohne vorher die Zuverlässigkeit der Informationen über ihn zu prüfen – die Zuverlässigkeit des Neuen Testamentes.

Leben und vergeben wie Gott

Passt Jesus in das Bild von Gott?

Das Alte Testament liefert eine ziemlich klare Beschreibung davon, wie der Gott der Bibel ist. Jesus behauptet, er sei Gott.
Aber treffen die Beschreibungen für Gott, die über die ganze Bibel verteilt sind, auch auf Jesus zu? Wenn nicht, dann können wir daraus schließen, dass er fälschlicherweise behauptet, Gott zu sein. Bei zwei der wichtigsten Eigenschaften Gottes geht es um die Sünde:
Gott selbst ist sündlos und er kann Sünden vergeben. Was ist mit Jesus?

Gott

kann Sünden vergeben

Glaubt man der Bibel, dann ist Gott derjenige, der die Sünden vergibt. Als David Ehebruch beging und den Mann seiner Geliebten indirekt umbrachte, sagte er zu Gott: »Gegen dich selber habe ich mich vergangen, ich habe getan, was du verabscheust« (Psalm 51,6). David wusste, dass er, obwohl er Menschen verletzt hatte, letztlich gegen Gott gesündigt hatte, und dass er Vergebung von Gott brauchte.

moralisch perfekt und heilig

Das Alte Testament beschreibt den Unterschied zwischen dem Volk (den Sündern) und Gott (dem Sündlosen) ziemlich deutlich (in Jesaja 5, Verse 15–16 findest du ein Beispiel). Jesaja hat das selbst sehr deutlich erfahren, als Gott sich ihm in einer Vision zeigte: Die Engel riefen Gott zu: »Heilig, heilig, heilig!«, während Jesaja schrie: »Ich bin verloren! Ich bin schuldig und unwürdig, von Gott zu reden, genauso wie das Volk, in dem ich lebe« (Jesaja 6,3.5).

Jesus

bietet Vergebung der Sünden an

Eines der erstaunlichsten – und für manche Leute herausforderndsten – Dinge, die Jesus getan hat, war es, Sünden zu vergeben (diese Geschichte steht bei Markus 2, Verse 1–12). Denk mal darüber nach: Wenn du mir etwas antust, habe ich das Recht, dir zu vergeben. Aber wenn du mir etwas tust und ein anderer kommt vorbei und sagt: »Ich vergebe dir«, dann wäre das ziemlich arrogant! Die einzige Person, die dieses Recht hätte, ist Gott.

behauptet, moralisch perfekt und heilig zu sein

Jesus hat nicht nur Sünden vergeben, sondern sogar behauptet, selbst sündlos zu sein. Er fragte offen: »Wer von euch kann mir eine Sünde nachweisen?« (Johannes 8,46). Wenn ich so etwas sagen würde, wären sofort meine Frau und meine Kinder zur Stelle und könnten stundenlang von meinen Fehlern erzählen. Anscheinend war das bei Jesus anders: Je besser sie ihn kannten, desto mehr bewunderten die Leute seine Rechtschaffenheit. Zwei seiner engsten Freunde, Johannes und Petrus, schrieben: »In ihm hat die Sünde keinen Platz« (1. Johannes-Brief 3,5) und »Er hat kein Unrecht getan; nie ist ein unwahres Wort aus seinem Mund gekommen« (1. Petrus-Brief 2,22).

2

Wie verlässlich sind die Informationen über Christus?

Kapitel 5

Kann man den Biografien Jesu trauen?

Geh doch mal in die Bibliothek der nächstgrößeren Stadt in deiner Nähe und sieh dir die Ecke mit den Biografien an. Es wird dort sicher unzählige Werke geben, manche von studierten Wissenschaftlern, manche ohne wissenschaftlichen Anspruch. Die einen geben nur gesicherte Informationen wieder, die anderen enthalten jedes Gerücht, das über die betreffende Person je im Umlauf war. Es gibt Biografien über jede Berühmtheit, aber auch über weniger bekannte Personen. Je nachdem, welches Buch man liest, könnten sich verschiedene und zum Teil sogar widersprüchliche Bilder eines Menschen ergeben. Nimm zum Beispiel Elvis: Den meisten Quellen zu Folge starb er am 16. August 1977 und liegt in Memphis, Tennessee, begraben. Aber glaubt man dem *National Enquirer*, dann erfährt man, dass Elvis kürzlich lebend gesehen wurde und vermutlich ein zufriedenes Leben in Kalamazoo, Michigan, führt. Bei so widersprüchlichen Informationen muss eine der beiden offenbar ein bisschen ungenau sein.

Die ältesten Biografien über Jesus sind die Bücher im Neuen Testament, die man »Evangelien« nennt und die nach ihren Verfassern benannt wurden: Matthäus, Markus, Lukas und Johannes. In diesen Biografien findet man eine Menge darüber, was Jesus über sich gesagt hat (siehe auch

Kapitel 2), welche Hinweise es auf seinen Geisteszustand gab (Kapitel 3) und wie sehr er der Beschreibung des prophezeiten Messias glich (Kapitel 4). Bislang habe ich die Frage, ob die Bibel wirklich Gottes Wort enthält, beiseite gelassen. Stattdessen benutzte ich die Bibel als das, was sie mit Sicherheit ist - eine Sammlung antiker Schriftstücke, die vorgeben, die historische Wahrheit aufzuzeichnen.

Die Frage ist: Kann man davon ausgehen, dass sie wirklich die Wahrheit enthalten?

Wie viele Augäpfel?

Ich begann meine Untersuchung mit der Frage, die jeder gute Gerichtsreporter zu Anfang stellen würde: Wie viele Augäpfel gibt es? »Augäpfel« ist ein Ausdruck, den Juristen manchmal benutzen, wenn sie »Augenzeugen« meinen. Da ich für meine Zeitung jahrelang über Gerichtsverhandlungen berichtet habe, weiß ich sehr genau, wie wichtig Augenzeugen sein können. Anhand ihrer Aussage entscheiden die Richter oft, ob sich ein Ereignis so zugetragen hat, wie der Angeklagte es behauptet, oder anders. Glaub mir, ich habe schon Dutzende von Straftätern auf Grund der Aussage eines Augenzeugen ins Gefängnis wandern sehen.

Also wollte ich wissen: »Wie viele Zeugen haben diesen Jesus überhaupt kennen gelernt? Wie viele haben seine Lehren gehört? Wie viele sahen seinen Wundern zu? Wie viele sahen ihn nach seinem Tod und nachdem er angeblich von den Toten zurückgekehrt ist?« Werden diese Erzählungen von glaubwürdigen Zeugen untermauert - oder handelt es sich bloß um die Erfindungen eines ausgeflippten Typen im ersten Jahrhundert, so wie manche heute Elvis sehen?

Stimmigkeit und Widersprüche

Eines der häufigsten Argumente gegen die Glaubwürdigkeit der Evangelien ist, dass sie einander scheinbar widersprechen. Wie können zwei Texte beide wahr sein, wenn sie das gleiche Ereignis unterschiedlich erzählen?

Es war für mich eine große Überraschung, dass die meisten Historiker kleine Unstimmigkeiten eher als Hinweis für die Glaubwürdigkeit einer Erzählung werten. Dahinter verbirgt sich Folgendes: Wenn die Autoren gelogen hätten, dann würden sie versuchen, alle Erzählungen detailliert aufeinander abzustimmen, damit es keine Widersprüche gibt. Aber was in den Evangelien wie ein Widerspruch aussieht, ist oft nichts anderes als die gleiche Geschichte aus einer anderen Perspektive.

Eine detaillierte Auflistung scheinbarer Widersprüche findest du im Kasten »Stimmigkeit durch Widerspruch?«.

Es stellte sich heraus, dass es nicht nur einen Augenzeugen gab. Es gab Tausende. Der Historiker Markus zeichnete die Erzählungen von Petrus (der ein Jünger Jesu war) in dem auf, was wir heute als das Markus-Evangelium kennen. Lukas, ein Arzt und so etwas wie ein Gerichtsreporter aus dem ersten Jahrhundert, schrieb auch eine Biografie über Jesus, die auf den Aussagen von Augenzeugen beruht.

Aber wir müssen uns nicht auf dieses »er sagt, dass sie gesagt hat, dass ...« verlassen, sondern wir haben auch Berichte aus erster Hand, also von direkten Augenzeugen. Petrus zum Beispiel schrieb zwei Briefe, die jetzt im Neuen Testament enthalten sind. Matthäus, Johannes und Jakobus waren alle live dabei, als Jesus lebte. Sie alle haben Evangelien oder zumindest Briefe geschrieben.

Und Petrus betonte nachdrücklich, dass er keine Informationen aus zweiter Hand weiterzugeben hatte. »Wir haben uns nicht auf geschickt erfundene Märchen gestützt, als wir euch das Kommen unseres Herrn Jesus Christus in Macht und Herrlichkeit bekannt machten«, schrieb er, sondern »wir haben mit eigenen Augen seine göttliche Hoheit gesehen«.

Johannes schrieb über eine Sache, »die wir gehört und mit eigenen Augen gesehen, angeschaut und mit unseren Händen betastet haben« (1. Johannes-Brief 1,1).

Die Biografien über Jesus im Neuen Testament sind also nicht bloß Erzählungen aus zweiter Hand. Sie basieren auf den Aussagen von Augenzeugen.

Dabei sein ist alles

Na klar, Augenzeugen können auch lügen. Ich könnte dir zum Beispiel erzählen, wie meine Fußballmannschaft neulich die Meisterschale der Regionalliga gewann, weil ich das entscheidende Tor schoss. Ich könnte dir ausführlich erzählen, welche Schwierigkeiten wir im Spiel gegen den Tabellen-Ersten hatten, inklusive des dramatischen Endes, als ich, wie ich bescheiden zugebe, Sekunden vor dem Abpfiff heldenhaft das Leder ins Tor schoss. Du könntest dir zwar denken, dass ich ein bisschen übertreibe, aber du wüsstest trotzdem nicht, wie das Spiel wirklich gelaufen ist. Schließlich warst du nicht dabei. Wenn ich dir, auf der anderen Seite, von *deinem* Topspiel erzählen würde, dann könntest du meine Übertreibungen entschieden besser erkennen und meine Lügen entlarven.

Die Lüge deines Lebens

Als Journalist bin ich schon einer Unzahl von Lügnern begegnet. Laut meiner Erfahrung lügen die Menschen, weil sie sich davon einen Vorteil versprechen. Entweder sie kriegen dadurch etwas, das sie wollen – oder werden vor etwas bewahrt, das sie ganz sicher nicht wollen.

Ich könnte dich belügen wollen und dir erzählen, dass ich den Siegtreffer in einem wichtigen Fußballspiel erzielt habe, um damit deinen Respekt zu erhalten. (Der Schuss geht natürlich nach hinten los, sobald du rausfindest, dass ich in meinem Leben noch nie Fußball gespielt habe.) Vielleicht hast du vor, bei deiner nächsten Arbeit zu spicken, weil es dir eine schlechte Note oder sogar das Sitzenbleiben erspart. Aber was hatten die Jünger davon, wenn sie Unwahrheiten über Jesus erzählten? Als sie sagten, er sei Gott, wurden sie dafür verfolgt und schließlich hingerichtet.

Was glaubst du? Würden all die hingerichteten Augenzeugen ihr Leben für eine Lüge riskiert haben?

Die Augenzeugen, die über Jesus schrieben, predigten Leuten, die zur gleichen Zeit und in der gleichen Gegend lebten wie Jesus. Das ist sehr wichtig, denn wenn die Jünger übertrieben oder neue Geschichten erfunden hätten, dann hätten es die Zuschauer sofort gewusst und hätten es ihnen vorgehalten – genauso wie ich dir bei deinem eigenen Topspiel nichts vormachen könnte.

Ich fragte mich: »Hätte das Christentum so schnell Fuß fassen können, wie es das tat, wenn die Jünger Dinge erzählt hätten, von denen die Zuhörer wussten, dass sie übertrieben oder nicht wahr sind?«

Kurz nachdem Jesus gekreuzigt worden war, predigte Petrus in der gleichen Stadt. Viele seiner Zuhörer hatten gesehen, wie Jesus starb. Petrus begann mit seiner Rede: »Ihr Leute von Israel, hört, was ich euch zu sagen habe! Jesus von Nazaret kam zu euch im Auftrag Gottes; das konntet ihr an den wunderbaren Taten sehen, die Gott durch ihn geschehen ließ. Ihr habt alles miterlebt« (Apostelgeschichte 2,22).

Mit anderen Worten: »Kommt schon, Leute - ihr wisst, was Jesus getan hat. Ihr habt es schließlich mit eigenen Augen gesehen!« Dann sprach er weiter: »Diesen Jesus also hat Gott vom Tod erweckt, das können wir alle bezeugen« (Apostelgeschichte 2,32). Die Reaktion der Zuschauer war sehr interessant. Sie buhten ihn nicht aus und sagten: »Wir haben keine Ahnung, wovon du sprichst« oder: »In Wirklichkeit war alles ganz anders«, sondern sie gerieten in Panik und fragten, was sie tun sollten. Allein an diesem Tag baten 3 000 Menschen um Vergebung, viele taten später dasselbe - offenbar, weil sie wussten, dass Petrus die Wahrheit sagte. (Die ganze Geschichte steht in der Apostelgeschichte 2, Verse 14-47.)

Ich fragte mich: »Hätte das Christentum so schnell Fuß fassen können wie es tat, wenn die Jünger Dinge erzählt hätten, von denen die Zuhörer wussten, dass sie übertrieben oder nicht wahr sind?«

Hinterher weiß man immer mehr

Als ich mehr Vertrauen in die Erzählungen der Augenzeugen im Neuen Testament gewann, beschäftigte mich eine Frage trotzdem weiter. Die Zeugen, die über ihre Erlebnisse mit Jesus berichteten, schrieben nicht zu der Zeit, als sie passierten. Es gibt Hinweise darauf, dass die

Evangelien erst 100 Jahre nach Jesu Tod geschrieben wurden oder sogar noch später. Selbst wenn sie echte Augenzeugen interviewten, war es da nicht möglich, dass die Schreiber auf Grund der großen zeitlichen Distanz gewisse Dinge anders sahen oder nicht mehr genau wussten? Ich hatte von der Theorie gehört, dass sich zwischen dem Tod Jesu und der Niederschrift des Neuen Testamentes bereits Legenden um seine Person gebildet haben könnten, Legenden, die die Wahrheit verzerrten.

Aber als ich die Sache näher untersuchte, fand ich heraus, dass archäologische Entdeckungen die Wissenschaftler in jüngster Zeit dazu zwangen, die Entstehung des Neuen Testamentes immer früher anzusetzen. Ich bin kein Experte in Archäologie, also habe ich ein paar Bücher von Menschen gelesen, die sich wirklich auskennen.

Dr. William Albright, der früher Direktor der *American School of Oriental research* in Jerusalem war und später an der *Johns Hopkins*-Universität lehrte, ist davon überzeugt, dass die verschiedenen Bücher des Neuen Testaments innerhalb von 50 Jahren nach Jesu Tod geschrieben wurden (nicht 100!), und eher müsse die Zeit noch kürzer gewesen sein. Ein anderer Wissenschaftler, Craig Blomberg, behauptet, die Zeitspanne zwischen dem Tod Jesu und der Entstehung des Markus-Evangeliums habe sogar nur 30 Jahre betragen. Das bedeutet, dass das Neue Testament in schriftlicher Form bereits vorlag, als viele der Augenzeugen noch lebten. Sie konnten also sagen: »Ja, genau so ist es gewesen« oder: »Ich war da, und der erzählt nicht das, was *ich* gesehen habe!«

Eine der spannendsten Fragen des Christentums ist, ob die Auferstehung Jesu wirklich wahr oder nur eine Legende ist. (Damit habe ich mich in den Kapiteln 7, 8 und 9 beschäftigt.) Egal, welche Antwort du auf diese Frage bevor-

Stimmigkeit durch Widerspruch?

Die vier Biografen Jesu – Matthäus, Markus, Lukas und Johannes – berichten von einem Ereignis nicht immer in exakt der gleichen Weise. Die Anhänger Christi behaupten, dass das keine Widersprüche sind, sondern vielmehr jede Begebenheit aus verschiedenen Perspektiven beleuchtet wird. Im Folgenden findest du zwei Beispiele für mögliche Erklärungen, die ich gefunden habe. Entscheide selbst, welche Erklärung dir am ehesten logisch erscheint.

Ereignis	*Widerspruch?*	*mögliche Erklärung*
Jesus heilt den Diener eines römischen Hauptmanns (Matthäus 8,5–13; Lukas 7,1–10).	- Matthäus schreibt, der Hauptmann habe Jesus gebeten, seinen Diener zu heilen. - Lukas berichtet, der Hauptmann habe einen anderen geschickt, um Jesus um Hilfe zu bitten.	So, wie wir sagen würden: »Der Bundeskanzler hat gestern eine neue Haltung in der Außenpolitik angekündigt«, obwohl es eigentlich nur ein Pressesprecher war, der eine Erklärung vorgelesen hat, könnten die Autoren des Neuen Testamentes auch berichten, ein Hauptmann habe etwas getan, was er in Wirklichkeit durch andere ausgeführt hat.
Jesu Stammbaum (Matthäus 1,1–16; Lukas 3,23–38)	In den beiden Stammbäume werden unterschiedliche Leute aufgezählt.	– Matthäus könnte z. B. die Vorfahren Josefs (Jesu Stiefvater) aufzählen, während Lukas Marias Vorfahren angibt. - Eine weitere mögliche Erklärung ist, dass beide Evangelisten die väterliche Seite des Stammbaums angeben, Lukas aber die biologische Abstammung angibt und Matthäus die Erbfolge. Das kann verschieden aussehen, weil zur Zeit des Alten Testamentes der natürliche Sohn nicht immer der Erbe war.

Wenn dich diese Art scheinbarer Widersprüche interessiert, dann lies F. F. Bruce: »Das Neue Testament – glaubwürdig, wahr, verlässlich«.

zugst, du kannst dich nicht einfach herausreden und sagen: »Die Auferstehung ist eine Legende, die über Jahrzehnte hinweg gewachsen ist und nach Jesu Tod immer weiter ausgeschmückt wurde.« Dieser Zeitstrahl zeigt, warum.

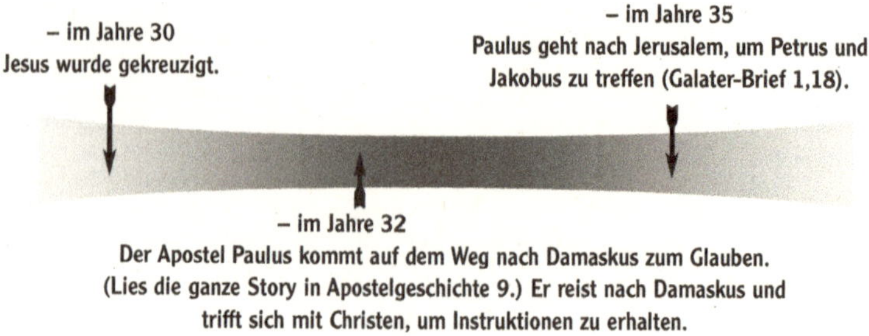

Irgendwann zwischen diesen Treffen mit den christlichen Führern und seinem eigenen Wachstum im Glauben hatte Paulus ein Bekenntnis gelernt - das ist ein Text, der den eigenen Glauben auf den Punkt bringt -, das die christliche Kirche bereits verwendete, um ihren Glauben an die Auferstehung Christi auszudrücken. Woher wir das wissen? Weil Paulus darüber berichtet hat:

»Ich habe an euch weitergegeben, was ich selbst erhalten habe, nämlich als Erstes und Grundlegendes: Christus ist für unsere Sünden gestorben, wie es in den heiligen Schriften vorausgesagt war, und wurde begraben. Er ist am dritten Tag vom Tod erweckt worden, wie es in den heiligen Schriften vorausgesagt war, und hat sich Petrus gezeigt, danach dem ganzen Kreis der zwölf Jünger. Später sahen ihn über fünfhundert Brüder auf einmal; einige sind inzwischen gestorben, aber die meisten leben noch. Dann erschien er Jakobus und schließlich allen Aposteln. Ganz zuletzt aber ist er auch mir erschienen« (1. Korinther-Brief 15,3-8).

Verstehst du, was das bedeutet? Als Paulus in Jerusalem und Damaskus die Grundlagen des Christentums lernte, waren der Tod Christi für unsere Sünden, sein Begräbnis und seine Auferstehung bereits fest in der christlichen Liturgie verankert! Das ist das Bekenntnis, das Paulus »erhalten« und »weitergegeben« hat. Und das passierte nicht 100 oder 50 oder sogar 30 Jahre nach Jesu Tod, es geschah nur zwei bis fünf Jahre danach! Und die Experten sagen, dass diese Zeit viel zu kurz ist, als dass sich bereits Legenden gebildet und die historische Wahrheit verdreht haben könnten.

Ich konnte die Bedeutung dieses Beweises nicht herunterspielen. Er nahm zumindest all denen den Wind aus den Segeln, die behaupten, die Auferstehung Christi sei nur eine Legende, die über eine lange Zeit entstanden sei und nichts mehr mit dem ursprünglichen Zeugnis der Augenzeugen zu tun habe. Für mich persönlich war das eine wichtige Erkenntnis, weil die Legendentheorie mein Haupteinwand gegen das Christentum gewesen war.

Stille Post

Ich hatte natürlich noch andere Einwände. Wenn ich eine Bibel in der Hand halte, sind das eigentlich nicht mehr als ein paar Kopien von antiken historischen Aufzeichnungen. Die ursprünglichen handschriftlichen Manuskripte der Biografen Jesu – Matthäus, Markus, Lukas und Johannes – und all die anderen Bücher des Neuen Testamentes sind längst zu Staub zerfallen. Und wenn ich »Kopien« sage, dann meine ich natürlich keine Fotokopien. Die Kopien wurden von einer Menge Leute über viele Jahre hinweg per Hand angefertigt.

Ich dachte, das sei so ähnlich wie ein Spiel, das wir als Kinder oft gespielt haben: »Stille Post«. Ein Kind flüstert einem anderen etwas ins Ohr – zum Beispiel »Bald kommt der Winter« –, und das zweite Kind flüstert es in das Ohr des dritten, das es in das Ohr des vierten flüstert, und so weiter. Wenn sie dabei nuscheln und kichern, wie es bei solchen Spielen schnell passiert, dann kommt am Ende etwas völlig anderes heraus, zum Beispiel: »Mir juckt der Hintern.«

Ehrlich gesagt zeigt dieses Bild nicht genau, wie die Bibel kopiert und vervielfältigt wurde. Eher war es so: Das Kind, das mit der »Stillen Post« anfängt, flüstert seinen Satz zwei Kindern zu. Jedes der beiden gibt den Satz an zwei andere Kinder weiter. Und diese sagen ihn wieder zwei neuen Kindern. Und so geht das immer weiter, bis man am Ende nicht nur einen Satz herauskriegt, sondern Dutzende von verschiedenen Versionen der ursprünglichen Botschaft. Einer der Sätze im Ziel lautet dann: »Tod und Schafott«, ein anderer »Ritas Fagott«, wieder ein anderer »Bildung ist Schrott«. Man kann sich gut vorstellen, wie sehr eine Nachricht über eine lange Strecke verfälscht werden kann. Was aber, wenn fast alle Kinder am Ende den gleichen Satz raushaben: »Jesus ist Gott«?

Es gibt über 5000 Kopien der neutestamentlichen Handschriften in Griechisch. Plus 5000 bis 8000 in Latein. 8000 weitere in anderen Sprachen wie Äthiopisch, Slawisch und Armenisch. Zusammen mit ein paar weiteren Kopien mit einer bunten Sprachmischung erhält man insgesamt etwa 24000 Manuskripte des Neuen Testamentes. (Um das mit den Abschriften anderer antiker Texte zu vergleichen, siehe Kasten »Antike Manuskripte«.)

Das Faszinierende daran ist, das in allen das Gleiche steht! Man findet zwar ein paar Unterschiede in der Rechtschreibung und Ähnliches, aber 99,5 Prozent der Manuskripte sind identisch. Zweifellos machten die Leute ab und zu einen Fehler, als sie das Neue Testament abschrieben. Aber im Gegensatz zur »Stillen Post«, bei der die Hälfte des Spaßes darin liegt, Fehler zu machen, nahmen diese Leute ihre Arbeit sehr ernst. Schließlich waren die Dokumente für sie heilig. Und die Schreibfehler, die man fand, stellten sich als so unwichtig heraus wie ein paar winzige Buchstaben in ein paar unbedeutenden Wörtern einer dicken Sonntagszeitung.

Wenn 29 von 30 Kindern am Ende einer Runde »Stille Post« den richtigen Satz, zum Beispiel »Jesus ist Gott«, sagen würden, dann sollte man annehmen, dass das wirklich die ursprüngliche Botschaft war. Wenn 24000 Manuskripte des Neuen Testamentes buchstäblich dasselbe sagen, dann macht es Sinn, sie für mit dem Original identische Kopien zu halten.

Lebendige Worte

Jetzt denkst du vielleicht: »Na gut, das Neue Testament wurde von Menschen geschrieben, die Jesus wirklich gesehen haben und als Augenzeugen bei allem dabei waren. Die Ersten, die es gelesen haben, hätten sich schon gemeldet, wenn irgendwelche Unwahrheiten dringestanden hätten. Die Bibeln heutzutage sind exakte Kopien von dem, was die Augenzeugen damals geschrieben haben. Coole Sache. Das ist also ein megaaltes und trotzdem historisch genaues Buch. Und was hat das Ganze mit mir zu tun?«

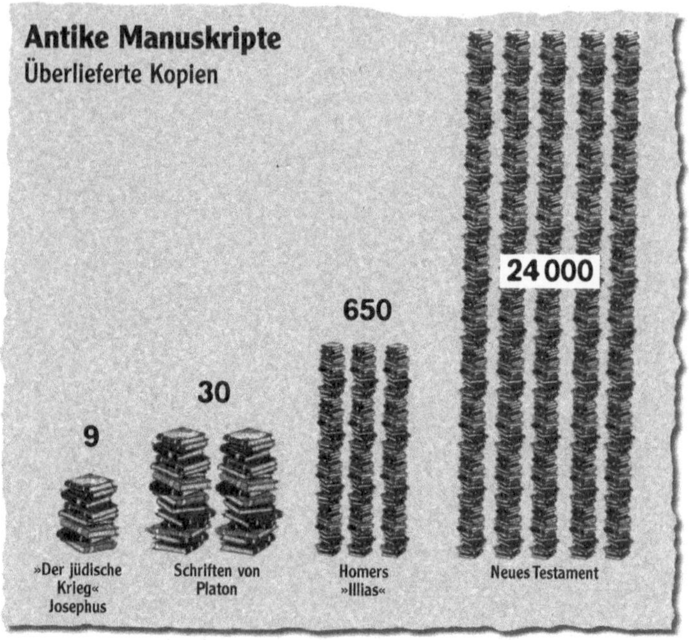

Ich will dir erzählen, was mit mir passierte, als ich mir diese Frage wirklich ernsthaft stellte. Die meisten meiner Beziehungen waren zu dieser Zeit ein bisschen ... sagen wir »reparaturbedürftig«. Wenn ich ehrlich war, dann gab es da überall noch Raum, etwas besser zu machen. Ich begann nachzulesen, was das Christentum zum Thema Beziehungen zu sagen hat, und ich musste einräumen, die Prinzipien der Bibel ergaben Sinn. Zugegeben, die Christen glauben, diese Ideen ergeben Sinn, weil sie von Gott kommen. Das wollte ich noch nicht eingestehen, aber ich war bereit, die Prinzipien auszuprobieren, einfach, weil sie sinnvoll klangen. Und als ich begann, meine Freunde und meine Familie so zu behandeln, wie die Bibel es vorschlägt, rate, was passierte? Meine Beziehungen wurden besser!

Als ich anfing, die Weisheit der Bibel auf meinen Umgang mit Wut anzuwenden, kriegte ich meine Emotionen auf einmal unter Kontrolle. Als ich begann, Vergebung so zu praktizieren, wie die Bibel es vorgibt, wurde meine eigene Bitterkeit gelöst, die mir sonst den Magen zusammenzog und mich die Fäuste ballen ließ. Und das passierte immer und immer wieder, egal, ob es um Finanzen, Stress oder meinen Charakter ging.

Nach einer Weile sagte ich zu mir: »Vielleicht ist ja was dran an der Bibel. Wenn ich versuche, so zu leben, wie sie es möchte, dann wird mein Leben besser. Woher kommt all diese Weisheit? Könnte es möglich sein, dass die Bibel wirklich eine Offenbarung Gottes ist?«

Ich zog die Schlussfolgerung: *Ja*. Ich war überzeugt, dass die Bibel das Wort Gottes ist - nicht nur, weil ich die historische Glaubwürdigkeit überprüft hatte, sondern auch weil ich persönlich erfahren hatte, dass sie mein Leben zum Besseren verändern konnte, obwohl ich noch nicht einmal Christ war.

Vielleicht bist du zu demselben Schluss gelangt. Vielleicht auch nicht. Vielleicht brauchst du noch mehr Beweise dafür, dass die Bibel ist, was sie zu sein vorgibt. Wenn ja, dann ist das nächste Kapitel für dich genau das Richtige.

Kapitel 6

Gibt es den »Fall Jesus« auch außerhalb der Bibel?

Es ist 23.35 Uhr und du fährst gerade dein Auto in die Einfahrt. Als du die Tür öffnest, trifft dich der helle Schein einer Taschenlampe mitten ins Gesicht. Du kneifst die Augen zusammen und hörst eine Stimme: »Stehen bleiben! Wir haben ein paar Fragen an Sie.«

Nachdem er dir deine Rechte vorgelesen hat, informiert dich ein junger Polizist darüber, dass ein Fahrer ungefähr deines Alters in einem Auto wie deinem im Zusammenhang mit einer Reihe von Verbrechen gesucht wird, die in den letzten vier Stunden begangen wurden. Er fordert dich höflich auf, alles mitzuteilen, was dich eventuell entlasten könnte und ihn überzeugen würde, dass du nicht der gesuchte Fahrer bist.

Schnell erklärst du, dass du dich den ganzen Abend lang absolut gesetzmäßig verhalten hast. Du hast dich mit ein paar Freunden getroffen, bist mit ihnen zu McDonald's gefahren, wo du festgestellt hast, dass das Spielzeug im *Happy Meal* eine Figur aus dem letzten animierten Kinofilm ist – natürlich hast du selbst kein *Happy Meal* gegessen; du hattest Maxi-Menü Nummer drei und musstest die völlig versalzenen Fritten im Auto zu Ende essen, um noch rechtzeitig um 20.15 Uhr im Kino zu sein, wo ihr euch den neuen »James Bond« angesehen habt. Einer deiner Freunde muss im Kino in ein Kaugummi getreten sein, weil es sich später im Auto über die gesamte Fußmatte verteilt hat. Auf dem Parkplatz hast du noch eine Weile damit zugebracht, die Matte mit den restlichen Servietten von McDonald's sauber zu machen, bevor ihr zu *Starbucks* gefahren seid, um ein Stück Kuchen zu essen - Rhabarber-Kirsch -, und gleich danach hast du deine Freunde nach Hause gebracht und bist anschließend sofort selbst heimgefahren.

Nachdem du mit deiner Geschichte fertig bist, sagt die Polizistin, die sich die ganze Zeit Notizen gemacht hat, zu ihrem Partner: »Ich rufe gleich im Kino an, um wie viel Uhr sie heute Abend ›James Bond‹ gezeigt haben.« Der zweite Polizist zückt eine Maglite und sagt dir, er werde sich jetzt dein Auto ansehen, und zwar ganz genau.

Und jetzt stell dir vor, auf der Fußmatte ist nicht mehr als der übliche Staub zu finden, und es gibt auch keine Anzeichen von heruntergefallenen Pommes zwischen den Sitzen. Heißt das, dass deine ganze Geschichte erlogen ist und du auf dem besten Weg bist, die nächsten paar Monate in einer Zelle zu verbringen? Natürlich nicht. Auch wenn es für deinen Fall sicher nicht hilfreich ist.

Stell dir im entgegengesetzten Fall vor, die Routineüberprüfung deiner Angaben zeigt, dass es bei McDonald's tatsächlich genau die Spielzeuge im *Happy Meal* gibt, die du beschrieben hast. Der »James Bond« lief um 20.15 Uhr, bei *Starbucks* gibt es Rhabarber-Kirsch-Kuchen. Und zu guter Letzt fliegt in deinem Auto der leere Karton einer großen Portion Pommes herum, und in den Überresten eines Kaugummis in der Fußmatte findet sich noch ein kleiner Fetzen Serviette. Bist du damit völlig entlastet? Nicht notwendigerweise, aber deine Glaubwürdigkeit ist mit Sicherheit sehr gestiegen.

Unterstützende Hinweise

Wie sieht es mit der Glaubwürdigkeit der Bibel aus? Mit den Beweisen für den »Fall Jesus« *in* der Bibel haben wir uns ja bereits beschäftigt (siehe Kapitel 5). Aber wie sieht es mit den Beweisen *außerhalb* der Bibel aus? Wenn Christus wirklich gelebt hat und die Bibel die Wahrheit sagt, dann sollte man sich nicht nur auf die Bibel verlassen können; es sollte vielmehr möglich sein, auch darüber hinaus ein paar unterstützende Beweise dafür zu finden, dass Jesus behauptete, Gott zu sein.

Was ich bei meinen Untersuchungen gefunden habe, ist so ähnlich wie der leere Frittenkarton auf deinem Rücksitz. Es sind keine wirklichen Beweise für oder gegen die Sache. Wenn du sie als unverrückbare Beweise für die Gültigkeit der Bibel und der Ansprüche Jesu ansiehst, dann hast du nicht verstanden, worauf es bei einer Untersuchung wie der unseren ankommt. Auf der anderen Seite, wenn man sie als unwichtig und nebensächlich abtut, ist man wohl engstirniger, als man vielleicht zugeben möchte.

Ich fühlte mich jedenfalls herausgefordert, die Fakten fair zu sichten. Die gleiche Herausforderung gilt für dich.

Jenseits der biblischen Berichte

Hat Jesus wirklich gelebt, oder ist er nur eine erfundene Person, über die nur in der Bibel berichtet wird?

Wenn man die Bibel oder andere christliche Schriften nicht lesen würde, könnte man trotzdem einiges über Jesus erfahren. Es gibt zum Beispiel folgende Informationen über ihn in einem antiken jüdischen Werk namens »Talmud«, und von antiken Historikern und Geschichtsschreibern wie Josephus, Tacitus und Plinius dem Jüngeren:

- Jesus war ein jüdischer Lehrer.
- Viele Menschen glaubten, er könne heilen und andere Wunder vollbringen.
- Einige glaubten, er sei der lang erwartete Messias.
- Die jüdischen Führer wollten nichts von ihm wissen.
- Er wurde während der Regierungszeit von Tiberius unter Pontius Pilatus gekreuzigt.
- Trotz seines schrecklichen Todes vergrößerte sich die Zahl der Anhänger, die glaubten, er sei noch am Leben, schnell in ganz Palästina. 64 lebte eine große Anzahl der Anhänger in Rom.
- Menschen aus allen Schichten - vom Land, aus den Städten, Männer, Frauen, Sklaven und Freie - beteten ihn als Gott an.

Auf der Suche nach Einzelheiten

Vielleicht findest du den Gedanken ein bisschen abstoßend, dass ein Polizist sich durch den Müll in deinem Auto wühlt, auf der Suche nach fettigen Pommes und ausgespuckten Kaugummis. Aber im Grunde ist es genau das, was Archäologen tun, nur mit Jahrtausende altem Müll.

Die Archäologen können in Bezug auf die Bibel drei Dinge tun:

Sie können Beweise finden, die der Bibel widersprechen. Zum Beispiel kann man im Johannes-Evangelium, Kapitel 5, Vers 2 lesen, dass sich in Betesda ein Teich mit fünf offenen Hallen befand. Wenn jetzt ein Archäologe an der Stelle graben würde und nur drei Hallen fände, dann würde das ein ziemlich schlechtes Licht auf die Berichterstattung der Bibel werfen. Es würde die Glaubwürdigkeit des gesamten Neuen Testamentes in Zweifel ziehen! (Tatsächlich brachte jüngst eine Ausgrabung an dieser Stelle fünf Hallen ans

Tageslicht.) Wissenschaftler sind zu dem Schluss gekommen, dass bis auf den heutigen Tag keine archäologischen Funde der Bibel grundsätzlich widersprechen.

Archäologen können, wenn sie nichts finden, keine Aussagen für oder gegen die Bibel machen. Erinnerst du dich an »Indiana Jones - Jäger des verlorenen Schatzes«? Genau wie er haben Hunderte von Leuten anhand der Texte im Alten Testament versucht, die Bundeslade zu finden - oder auch den Kelch, aus dem Jesus während des letzten Abendmahls getrunken haben soll (diesen Kelch nennt man den »Heiligen Gral«). Aber im Gegensatz zum Film hat das in Wirklichkeit noch niemand geschafft. Heißt das, dass beides nicht existiert? Nein, genauso wenig wie der fehlende Müll in deinem Auto ein Beweis dafür wäre, dass du *nicht* bei McDonald's gegessen hast. Man kann aus der *Abwesenheit* archäologischer Funde auf keinen Fall Schlüsse ziehen.

Archäologen können Dinge finden, die bestätigen, was in der Bibel steht. Zumal ich keine Beweise der ersten Kategorie (die der Bibel widersprechen) fand, und man aus der zweiten Kategorie keine Schlüsse ziehen kann, konzentrierte ich mich bei meiner Suche auf Beweise der dritten Art.

Archäologen sind, wie die meisten Wissenschaftler, darauf angewiesen, aus Hinweisen Schlüsse zu ziehen. Du weißt natürlich so gut wie ich, dass zwei verschiedene Leute aus dem gleichen Hinweis verschiedene Schlussfolgerungen ziehen können. (Denk mal an dein letztes Zeugnis: Wenn du in Mathe eine Fünf hast, könntest du daraus den Schluss ziehen, dass du in diesem Fach nicht begabt bist und dich also auf andere Fächer konzentrieren solltest. Deine Eltern hingegen werden sagen, dass du mehr - *viel* mehr - Zeit damit verbringen solltest, Mathe zu lernen!)

Wenn die Archäologie zeigen kann, dass die Autoren des Neuen Testamentes viel Wert darauf legten, die exakte historische Wahrheit und geografische Details wiederzugeben, würde das dein Vertrauen in die Berichte über Jesus stärken oder schwächen? Warum oder warum nicht?

Ich wäre nicht überrascht gewesen, wenn christliche Archäologen die Funde eher als Beweise für die Glaubwürdigkeit der Bibel werten würden, während Atheisten und Agnostiker, also Leute, die nicht an Gott glauben, skeptischer wären. Deshalb war ich besonders fasziniert, als ich die Geschichte von Sir Williams Ramsay von der Universität Oxford las. Er war einer der größten Archäologen, die je gelebt haben. Und er war Atheist, der 25 Jahre seines Lebens mit Ausgrabungen verbrachte, mit denen er die Apostelgeschichte widerlegen wollte, die von Lukas geschrieben wurde (der auch das Lukas-Evangelium geschrieben hatte; siehe Kasten »Ein Historiker prüft Lukas«.).

Aber anstatt Zweifel an Lukas zu wecken, wurden dessen Berichte von Ramsays Entdeckungen gestützt. Schließlich musste der Forscher anerkennen, dass Lukas einer der exaktesten Historiker war, die je etwas geschrieben hatten. Beeinflusst durch die archäologischen Beweise wurde Ramsay Christ.

Beachte, dass ich hier »beeinflusst« sage, nicht »überzeugt.« Auch ich wurde nicht auf Grund der Archäologie Christ, und ich würde niemandem raten, seinen Glauben vollständig darauf aufzubauen. Archäologische Funde können niemals *beweisen*, dass Jesus Gott ist. Sie bieten höchstens unterstützende Hinweise, die belegen, dass die Berichte über Jesus von glaubwürdigen Leuten geschrieben wurden.

Unterstützende Hinweise in der heutigen Zeit

Als ich den »Fall Jesus« untersuchte, arbeitete ich als Reporter, nicht als Archäologe oder Historiker. Ich bin mir bewusst, wie wichtig die Klärung der Hintergründe ist, also kümmerte ich mich um antike Quellen. Mein Hauptinteresse lag aber dennoch auf dem Hier und Jetzt. Ich lebte in einer Welt, in der Nachrichten von Gestern einfach wertlos sind. Also fragte ich mich, welche Beweise es im Jetzt geben könnte, die den Anspruch Jesu, Gott zu sein, stützen - oder zu Fall bringen könnten.

Ein Archäologe trifft Lukas

Einige Angaben in den Schriften von Lukas (dem Lukas-Evangelium und der Apostelgeschichte) schienen lange Zeit nicht ganz exakt zu sein. Das säte natürlich auch Zweifel an den anderen Aussagen, die er machte. Wenn Lukas noch nicht mal die grundlegenden Fakten korrekt wiedergeben konnte, warum sollte man ihm bei den anderen Sachen vertrauen, bei denen es um weit Wichtigeres ging?
Später bewiesen aber Ausgrabungen immer häufiger, dass Lukas doch Recht hatte – zumindest bei den Dingen, die man als Archäologe überprüfen kann.
Hier sind ein paar Beispiele:
Im Lukas-Evangelium 3, Vers 1 erwähnt Lukas, dass Lysanias um das Jahr 27 in Abilene regierte. Jahre lang zogen Wissenschaftler diese Stelle heran, um zu zeigen, dass Lukas keine Ahnung hatte, wovon er sprach. Jeder wusste nämlich, dass Lysanias kein Regent in Abilene war, sondern der Herrscher von Chalkis, und zwar ein

halbes Jahrhundert früher. Dann aber fanden Archäologen eine Inschrift aus der Zeit zwischen den Jahren 17 und 37, auf der Lysanias als Tetrarch von Abilene, einem Städtchen nahe Damaskus, erwähnt wurde – genau wie Lukas geschrieben hatte. Es stellte sich heraus, dass es zwei Regierungsbeamte mit gleichem Namen gab. Und dass Lukas doch Recht hatte!
In einem anderen Beispiel in der Apostelgeschichte 17, Vers 6 bezieht Lukas sich auf die Stadtpräfekten (ein anderes Wort dafür ist »Politarch«). Lange Zeit dachte man, Lukas hätte etwas falsch verstanden, weil es in keinem anderen antiken römischen Dokument Hinweise auf ein Amt wie das des Stadtpräfekten gab. Schließlich fanden Archäologen aber einen Torbogen aus dem ersten Jahrhundert (also aus der Zeit, zu der Lukas seine Werke schrieb) mit der Inschrift: »Zu der Zeit der Politarchen . . .« (Wenn du mal in London bist, kannst du dir diesen Torbogen im Britischen Nationalmuseum selbst ansehen.). Seitdem fanden Archäologen mehr als 35 Inschriften, die Politarchen erwähnen, was zeigt, dass Lukas sehr genau gearbeitet hat, als er diesen Begriff benutzte.
Lukas erwähnte insgesamt 32 Länder, 54 Städte und 9 Inseln. Ein berühmter Archäologe hat später untersucht, ob seine Angaben auch wirklich stimmten, und fand nicht einen einzigen Fehler.

Eines Tages traf ich Ron. Als Reporter für die *Tribune* war ich ständig am Gerichtshof, einer heruntergekommenen, düsteren Einrichtung, die direkt neben dem Gefängnis im Westen Chicagos lag. Tag für Tag sah ich zahlreiche Angeklagte – die meisten von ihnen waren eindeutig schuldig –, die sich an jeden Strohhalm klammerten und alles versuchten, um der Strafe zu entkommen, die sie verdienten. Jeder versuchte, sich mit den Anklägern gütlich zu einigen, den Geschworenen sympathisch zu erscheinen, den Richter zu täuschen – nichts blieb unversucht, nur die Verantwortung für seine Taten wollte niemand übernehmen.

Alle bis auf Ron. Er war vollkommen anders.

Das Buch Mormon

Wenn du dich fragst, ob man die Archäologie nicht nutzen kann, um die Ansprüche jeder beliebigen Religion zu untermauern, dann stehst du nicht allein da. Ich hatte dieselbe Idee.
Ich schrieb an das Smithsonian-Institut (das ist die Einrichtung für Museumskunde schlechthin) und erkundigte mich, ob es irgendwelche Hinweise gäbe, die das Buch Mormon stützten. (Das Buch Mormon ist so etwas wie ein Superneues Testament, eine Fortsetzung der Bibel, die ein Amerikaner namens Joseph Smith um 1820 von dem Engel Moroni erhalten haben will. Darin geht es u. a. um die Geschichte der Auswanderung eines Teils des Volkes Israel um 600 v. Chr. und ihr Leben in Nordamerika, bevor Christopher Kolumbus kam. In den USA hat diese Religion viele Anhänger; Anm. d. Übers.)
Sie schrieben unmissverständlich zurück, dass man praktisch »keine Verbindung zwischen der Archäologie in Nordamerika und dem Inhalt des Buches Mormon« erkennen könne. Ein Experte schrieb zu diesem Thema in einem Buch:
»Niemand hat je eine der Städte ausgegraben, die im Buch Mormon erwähnt werden.
Niemand hat je Artefakte gefunden, die einen Bezug zum Buch Mormon haben.
Niemand hat je Inschriften entdeckt, die den Inhalt des Buches Mormon bestätigen.
Niemand hat je eine Person, einen Ort, eine Nation oder einen Namen identifiziert, von denen im Buch Mormon die Rede ist.«

Es fing früh an

Als er acht Jahre alt war, warf Ron mit einem Hammer um sich, traf jemanden am Kopf und landete vor dem Jugendgericht. Das war nur der erste Kontakt mit dem Gesetz; es sollten noch viele folgen. Später flog Ron von der Schule, kam mit Drogen in Berührung und wurde zum Vizechef der *Belaires*, einer brutalen Straßengang, die Stadtteile von Chicago terrorisierte.

Als er 21 war, sah es für ihn wirklich übel aus. Eine rivalisierende Gang, die *Palmer Street Gaylords*, richteten bei einem Angriff einen von Rons Freunden gefährlich zu, und Ron schwor Rache. Er lieh sich eine Pistole und ging auf die Jagd nach Bob, den Anführer der *Gaylords*.

Versuchter Mord

Es dauerte nicht lange, bis er auf ein halbes Dutzend *Gaylords* traf, die gerade aus einer Bar kamen. Obwohl Bob nicht unter ihnen war, erkannte Ron in der Gruppe dessen Bruder Gary. Ein Plan nahm in Rons Kopf Gestalt an: Er entschloss sich, Gary zu töten, und wenn Bob zu der Beerdigung ging, würde er ihn auch erschießen. Auf diese Weise konnte er *zwei Gaylords* töten.

Also sprang Ron aus seinem Versteck, presste seine Kanone auf Garys Brust, schrie laut »Belaires!« - und betätigte den Abzug.

Klick.

Ladehemmung. Kein Schuss. Ron stand vor einer Gruppe von sechs ausgesprochen wütenden *Gaylords*. Als sie langsam auf ihn zukamen, hielt er seine Waffe in die Luft und versuchte noch einmal zu feuern. Diesmal löste sich ein Schuss und die *Gaylords* rannten weg.

Ron verfolgte Gary und schoss im Laufen auf ihn. Eine der Kugeln traf diesen in den Rücken und blieb in der Leber stecken. Gary brach sofort zusammen und fiel mit dem Gesicht auf den Bürgersteig.

Ron erreichte sein Opfer und drehte es mit dem Fuß auf den Rücken.

»Erschieß mich nicht, Mann!«, flehte Gary. »Schieß nicht noch mal auf mich! Bitte töte mich nicht!«

Ohne einen Hauch von Mitleid oder einen Moment des Zögerns schob Ron seine Knarre in Garys Mund und schoss.

Klick!

Dieses Mal war das Magazin leer.

Auf der Flucht

Eine Sirene heulte in der Ferne. Ron konnte vor der Polizei fliehen, aber sofort wurde eine Fahndung nach ihm eingeleitet. Er wurde wegen versuchten Mordes gesucht. Mit einem Vorstrafenregister, wie Ron eines hatte, konnte so was leicht zu 20 Jahren Haft führen.

Es war zu viel für Ron. Er und seine Freundin flohen nach Kanada und zogen später nach Westen, nach Portland, Oregon, wo Ron zum ersten Mal in einer Stahlfabrik ehrlich arbeitete. Seine Kollegen waren Christen und unter ihrem Vorbild kam auch Ron schließlich zum Glauben.

Dadurch begannen sich seine Werte und sein Charakter zu ändern. Seine Freundin wurde Christin und die beiden heirateten. Sie bekamen eine kleine Tochter namens Olivia. Ron wurde ein vorbildlicher Arbeiter, ging regelmäßig in die Kirche, nahm am Gemeindeleben teil und wurde zu einem respektierten Mitglied der Gesellschaft.

Verantwortung übernehmen

Aber etwas nagte weiter an ihm. Obwohl er sich mit Gott versöhnt hatte, war er nicht mit der Gesellschaft versöhnt. Es gab immer noch Fahndungsfotos von ihm, auf denen er wegen versuchten Mordes gesucht wurde. Zwar hatte die Polizei längst die Verfolgung eingestellt und er hätte ohne weiteres seinen Lebensabend in Oregon verbringen können, ohne erwischt zu werden, aber er fühlte, dass er sich stellen musste. Auch wenn das 20 Jahre Gefängnis und die Trennung von seiner Familie bedeutete.

»Wenn ich es nicht tue«, sagte er sich, »lebe ich mit einer Lüge.« Als Christ wusste er, dass das keine Alternative sein konnte.

Antike Quellen bezeugen, dass die frühen Christen lieber an ihrem Glauben festhielten, als ihn zu verleugnen, auch unter Folter. Ron handelte gemäß seines Glaubens, obwohl ihm das 20 Jahre Gefängnis einbringen konnte. Was glaubst du: Woher kamen diese starken Überzeugungen?

Ich war anwesend, als Ron den Gerichtssaal betrat. Jeder andere hätte versucht, sich irgendwie herauszureden, aber Ron blickte dem Richter direkt in die Augen und sagte: »Ich bin schuldig. Ich hab's getan. Ich bin verantwortlich. Wenn ich deswegen ins Gefängnis muss, ist das okay. Ich bin Christ geworden, und das einzig Richtige, das ich tun konnte, ist zuzugeben, was ich getan habe und um Verzeihung zu bitten. Was ich getan habe, war falsch. Schlicht und einfach falsch. Es tut mir Leid. Es tut mir wirklich Leid.«

Das haute mich vom Hocker. Wenn jemand so einen Schritt wagt, an dem so viel hängt, dann weißt du, dass er auf einem Glauben basiert, der sie oder ihn tief beeinflusst und von innen heraus verändert hat.

Und genau das zog mich an. Warum? Weil wir in einer Wischiwaschi-Zeit leben, in der das allgemeine Motto auch gut »Nutze jedes Schlupfloch« lauten könnte. Und wenn dann jemand sagt: »Ich tue hier etwas nicht, weil es bequem ist oder weil es einfach ist, sondern weil es *richtig* ist« – dann hat er meinen vollen Respekt. Wenn man sich heute umsieht, dann gibt es nicht viele Helden. Aber seltsamerweise wurde Ron für mich ein Held.

Radikaler Wandel

Ich war von dem, was Ron getan hatte, so überrascht, dass ich ihn darüber befragte. Als er mir erzählte, wie Jesus ihn von dem Anführer einer Straßengang zu einem seiner Anhänger gemacht hatte, beeindruckte mich das noch mehr. Er hatte für mich eine spezielle Art von Glaubwürdigkeit. Sowohl seine Geschichte als auch seine Worte hinterließen bei mir einen bleibenden Eindruck. (Auf den Richter übrigens auch. Er ließ Ron auf Grund des unglaublichen Lebenswandels frei. Mittlerweile nutzt Ron seine Freiheit dazu, jungen Menschen in einem Jugendhaus-Projekt zu helfen.)

Ich hatte mich gefragt, ob es irgendwelche Anzeichen außerhalb der Bibel darauf gibt, dass Christus wirklich lebt und der christliche Glaube für uns heute etwas bedeutet. Der Wandel in Rons Leben war für mich so etwas wie ein Beweis dafür.

Aber eine der großen Fragen bleibt immer noch ungelöst, wenn man den Fall Jesus ernsthaft untersuchen will: Kann ein toter Mann wirklich von den Toten auferstehen?

Jesus und die Sklaverei

Eines der dunkelsten Kapitel im Buch der Geschichte ist die Sklaverei. Wenn jemand die Sklaverei erwähnt, denken die meisten Leute an die Versklavung Tausender von Afrikanern, von denen die meisten in Schiffen nach Amerika transportiert wurden, als seien sie gefühllose Gegenstände, während andere bereits in Gefangenschaft geboren wurden und kaum eine oder überhaupt keine Chance hatten, jemals frei zu kommen.

Aber Sklaverei gab es nicht nur auf den Tabakplantagen in den Südstaaten der USA. Die Geschichte der Sklaverei begann bereits lange vor der Zeit Jesu.

Wenn Jesus Gott ist und Gott so einen hohen ethischen Standard hat, warum hat er dann der Sklaverei nicht ein für alle Mal ein Ende bereitet, als er vor etwa 2 000 Jahren in Palästina lebte? Soweit wir wissen, hat sich Jesus nie offen gegen die Sklaverei ausgesprochen. Warum stand er nicht auf und sagte: »Sklaverei ist falsch«?

Als ich Donald Carson, einen christlichen Theologen, mit diesem Thema konfrontierte, gab er Folgendes zu bedenken:

– Erstens: Wenn wir heute an Sklaverei denken, dann bedeutet das für uns, dass eine Rasse eine andere unterdrückt. Zur Zeit Jesu war es aber keine Frage der Rasse oder des Standes. Manche Menschen wurde in einem Krieg versklavt; andere haben sich selbst als Sklaven verkauft, weil sie ihre Schulden nicht bezahlen konnten. Sklaverei war auch – zumindest unter den Leuten, die Gott respektierten – keine lebenslange Angelegenheit. Wer sich an die Bibel hielt, musste alle sieben Jahre seine Sklaven freilassen. Sklaven zur Zeit Jesu wurden nicht zwangsläufig missbraucht; manche waren eine Art Diplompädagogen und verantwortlich für die Erziehung der Kinder. Das heißt nicht, dass Sklaverei etwas Gutes ist, aber sie war damals nicht so destruktiv und rassistisch wie in den USA.

– Zweitens: Man muss das Anliegen Jesu im Auge behalten. Seine Mission war es nicht, die römische Wirtschaft (deren Teil die Sklaverei war) zu zerstören. Schließlich kann jedes unterdrückende System durch ein anderes ersetzt werden, das womöglich noch schlimmer ist. Jesus kam, um Männer und Frauen von ihren Sünden zu befreien. Also lag darauf auch der Schwerpunkt seiner Lehre.

– Seine Lehre verändert aber Menschen von innen nach außen, sodass sie anfangen, Gott zu lieben und andere Menschen wertzuschätzen. Und das wirkt sich auch auf ihre Einstellung zur Sklaverei aus. Paulus schrieb zum Beispiel einen Brief an Philemon, einen Christen, der einen Sklaven namens Onesimus besaß. Aber Paulus legte ihm nicht nahe, seinen Sklaven freizulassen. Er forderte ihn vielmehr auf, Onesimus wie seinen eigenen Bruder zu behandeln. (Du kannst diesen Brief im Neuen Testament nachlesen; er heißt ganz einfach »Der Brief an Philemon«.) In den USA und in England waren es Christen, die letztlich erfolgreich dafür kämpften, dass die Sklaverei abgeschafft wurde.

Als Carson mir dies erklärte, wusste ich, dass er Christ war, also würde man von ihm auch nicht erwarten, Jesus dafür zu kritisieren, dass er sich nicht klar gegen Sklaverei aussprach. Ob dich seine Argumente trotzdem überzeugen, musst du selbst entscheiden. Was er über die Veränderung der Menschen gesagt hatte, die sich in ihnen vollzieht, statt von außen erzwungen zu werden, klang für mich sinnvoll, weil ich selbst etwas Ähnliches erlebt hatte.

Ich kenne einen Mann, der ein solcher Rassist war, dass er alle hasste, die nicht die gleiche Hautfarbe hatten wie er. Er hatte riesige Vorurteile gegenüber Afroamerikanern. Die Beleidigungen, die er austeilte, ließen mich jedes Mal zusammenzucken, aber durch nichts, was ich sagte, ließ er sich von seinem Rassismus abbringen.

Irgendwann lernte er Jesus kennen. Ich bemerkte zunächst keinen großen Unterschied, aber nach und nach änderte sich die Art und Weise, wie er über Menschen anderer Hautfarbe redete. Ich erkannte noch andere Kennzeichen, die auf eine veränderte Einstellung hindeuteten. Und wenn du ihn heute treffen würdest, könntest du einen Mann sehen, der Menschen fremder Rassen oder ethnischer Hintergründe vorurteilslos akzeptiert.

Gesetze gegen rassistische Diskriminierung haben ihn nicht verändert. Die Missbilligung anderer Leute hat ihn nicht verändert. Die Veränderung vollzog sich von innen nach außen, als er verstand, dass der Gott, dem er nachfolgte, alle Menschen liebt, unabhängig von ihrer Hautfarbe, und sich von ihm wünscht, dass er es auch tut.

3

Kann ein Toter auferstehen?

Kapitel 7

Hat Jesus seinen Tod nur vorgetäuscht?

Eine Freundin erzählte mir einmal von Jonathan, einem kleinen Jungen aus ihrer Bekanntschaft. Jonathan lebt an einer viel befahrenen Straße und sitzt gerne im Vorgarten und sieht zu, wie die Autos und Lkw vorbeifahren.

Eines Tages sagte Jonathan zu seinem Vater: »Ich weiß, wie man Teer macht.«

»Ach?«, antwortete Jonathans Vater. »Wie denn?«

»Man macht ihn aus Eichhörnchen«, erklärte er. Als er den erstaunten Gesichtsausdruck seines Vaters sah, begann er zu erklären. »Schau, zuerst rennt ein Eichhörnchen auf die Straße. Dann wird es von einem Auto überfahren. Dann fahren immer mehr Autos über das Eichhörnchen drüber, und wenn man ein paar Tage später dorthin guckt, wo das Eichhörnchen war, sieht man nur noch Teer!«

Jonathan hat vielleicht nicht ganz richtig verstanden, wie man Teer herstellt oder was mit toten Eichhörnchen geschieht, aber in einem hatte er absolut Recht: Wenn ein totes Tier verschwindet, heißt das noch lange nicht, dass es wieder lebt.

Dabei ist es genau das, was die Christen von Jesus behaupten. Glaubt man dem Neuen Testament, dann wurde er von der römischen Besatzungsmacht »überfahren«, die ihn zum grausamsten Tod verurteilte, den man sich damals vorstellen konnte. Danach war sein Körper fast drei Tage lang tot. Und dann, glaubt man den Christen, verweste er nicht, sondern erstand wieder.

Die Auferstehung Christi - vom Tod zurück ins Leben - wird als der endgültige Beweis betrachtet, dass Jesus Gott ist. Diese Behauptung ist zu wichtig, als dass man sie unbesehen akzeptieren oder sie ohne eine ernsthafte Untersuchung abtun könnte.

Bevor man vom Tod auferstehen kann, muss man natürlich erst mal tot *sein*. Also lautet die erste Frage: Starb Jesus wirklich am Kreuz? Oder hat er seinen Tod nur vorgetäuscht - und dementsprechend seine scheinbare Auferstehung auch?

Tierische Ohnmacht

Ich kenne eine Chicagoer Familie, die jedes Jahr um die Weihnachtszeit ihre Verwandten in Ontario, Kanada, besucht. Weil das Wetter unvorhersehbar ist und die Straßen in der Gegend zu dieser Jahreszeit unsicher sind, fahren sie meist mit der Eisenbahn. Aber jedes Mal passiert etwas total Verrücktes, das dazu führt, dass sie doch zu spät kommen.

Einmal war es eine Kuh. Als sie mit dem Zug durch die ländliche Gegend von Wisconsin tuckerten, spürten die Passagiere plötzlich einen Schlag, dann einen Satz nach vorne, und dann ein Ruckeln, bis der Zug endlich quietschend zum Stehen kam. Als sie aus dem Fenster schauten, sahen die Familie einen Bahnbeamten, einen ziemlich wütenden Bauern und den leblosen Körper einer Kuh. Scheinbar hatte die Kuh auf den Gleisen gestanden, und als der Zug sie anfuhr, wurde sie genau dorthin geschleudert, wo sie jetzt lag, halb auf der Strecke, halb in einer Schneebank versunken.

Scheinbar muss nach einem Zusammenstoß mit einer Kuh eine ganze Menge Papierkram erledigt werden, denn der Zug blieb noch eine ganze Weile auf den Gleisen stehen. Als er sich endlich wieder bewegte, ging die Familie aus Chicago in den letzten Wagen, um sich die Unfallstelle noch einmal anzusehen. Das Letzte, was sie sahen, als die Bahn anfuhr, war die Kuh, die wackelig auf ihren Beinen stand, zweimal blinzelte und dann einfach wieder umfiel und sich auf die Gleise legte.

Würdest du jetzt daraus schließen, dass

a) die Kuh auf wundersame Weise von den Toten auferstanden ist oder
b) die Kuh bewusstlos war und wiederbelebt wurde?

Antwort b) wäre in Bezug auf die Kuh meine bevorzugte Wahl, und du bist sicher nicht überrascht, wenn ich dir sage, dass es auch eine sehr beliebte Erklärung für Jesu Auferstehung ist.

Auferstanden oder wiederbelebt?

Eine mögliche Antwort auf die Frage, wie ein Toter wieder lebendig werden kann, ist, dass er gar nicht richtig tot war. Vielleicht ist Jesus am Kreuz nicht wirklich gestorben, sondern hat seinen Tod nur vorgetäuscht, oder er fiel vor Erschöpfung in Ohnmacht und wurde für tot gehalten, oder er nahm eine Droge, die ihn wie tot aussehen ließ. In der kühlen, feuchten Luft der Grabeshöhle erwachte er dann wieder. Hier sind ein paar Argumente, die *für* diese Theorie sprechen:

- In der Bibel selbst steht, dass man Jesus eine Flüssigkeit in einem Schwamm anbot, als er am Kreuz hing (Markus 15,36). Wenn der Schwamm vergiftet gewesen wäre, hätte Jesus tot aussehen können, obwohl er in Wirklichkeit nur stark betäubt war.
- Die Bibel berichtet auch, dass Pilatus überrascht war, wie schnell Jesus gestorben ist (Markus 15,44). Das legt nahe, dass Jesus vom Kreuz genommen wurde, bevor die Kreuzigung ihn nachweislich getötet hatte.
- Diese Theorie würde erklären, warum Jesu Grab leer war (man fand keine Leiche) und wie Jesus nach seiner Kreuzigung laufen und sprechen und mit Leuten essen konnte.

Tod durch Folter

Eine andere Theorie besagt natürlich, dass Jesus *doch* am Kreuz gestorben ist. Argumente für diese Theorie beziehen sich auch auf die Ereignisse, die zu seiner Kreuzigung geführt haben, bzw. auf die Kreuzigung selbst.

Blut schwitzen

Lukas schrieb, dass, als Jesus kurz vor seiner Gefangennahme betete, »sein Schweiß wie Blut auf den Boden tropfte« (Lukas 22,44). Das klingt wie eine haushohe Übertreibung - nicht die Art von medizinischer Genauigkeit, die man von einem Arzt erwarten würde, was Lukas ja war.

Tatsächlich stellte sich aber heraus, dass Ärzte heutzutage einen medizinischen Zustand kennen, der sich genau so äußert, wie Lukas es beschrieben hat. Was dabei passiert, ist Folgendes: Extrem hoher Stress führt dazu, dass gewisse Chemikalien in den Kapillaren der Schweißdrüsen freigesetzt werden. Diese Chemikalien zerstören die Kapillaren (winzig kleine Blutgefäße), sodass kleine Mengen an Blut direkt in die Schweißdrüsen gelangen. Wenn der Schweiß dann austritt, ist er mit Blut vermischt.

Ausgepeitscht

1994 machte ein amerikanischer Jugendlicher namens Michael Fay internationale Schlagzeilen, als er in Singapur verurteilt wurde, weil er Autos mit Graffitis besprüht hatte. Die Strafe für sein Verbrechen war der Rohrstock. Die meisten Amerikaner haben noch nie von so einer Art der Bestrafung gehört, aber man brauchte nicht lange zu suchen, um herauszufinden, wie sie im Prinzip funktioniert. Es gibt einen strengen Ablauf und feste Regeln: Der Rohrstock ist 1,2 Meter lang und 1,25 Zentimeter dick; die bestrafte Person muss sich über ein A-förmiges Holzgestell beugen und erhält etwa alle 30 Sekunden einen harten Schlag.

So wie der Stock in Singapur hatte im Römischen Reich das Auspeitschen seine festen Regeln. Der ausführende Soldat nahm dazu eine Peitsche mit mehreren Lederriemen, in die kleine Metallstückchen eingeflochten waren. Wenn die Peitsche das Fleisch berührte, verursachten die Metallstücke schwere Blutergüsse, die durch weitere Schläge aufbrechen konnten. An die Peitsche waren auch scharfe Knochenstückchen gebunden, die das Fleisch bei harten Schlägen aufschnitten.

Der Rücken einer Person, die ausgepeitscht wurde, konnte dabei so zerfetzt werden, dass man manchmal in tiefen Wunden Teile des Skelettes sehen konnte. Die Schläge der Peitsche verteilten sich über den gesamten Bereich von den Schultern, dem Rücken über den Po bis zum hinteren Teil der Beine. Die Peitsche bohrte sich in die Muskeln und hinterließ zuckende Löcher von blutendem Fleisch. Manchmal konnte man sogar die inneren Organe sehen.

Normalerweise bestand das Auspeitschen aus 39 Schlägen, aber ein Soldat konnte auch mehr geben; das hing von seiner Laune ab. Viele Menschen sind bereits beim Auspeitschen gestorben, bevor sie überhaupt ans Kreuz geschlagen wurden. Diejenigen, die nicht starben, standen oft unter starkem Schock (siehe Kasten: »Schwere Schocks«).

Als die Soldaten mit der Auspeitschung fertig waren, muss Jesus bereits böse zugerichtet gewesen sein – noch bevor der erste Nagel eingeschlagen wurde, um ihn ans Kreuz zu hängen.

Schwere Schocks

Wenn jemand ausgepeitscht wird, kann er als Reaktion auf den hohen Blutverlust in einen Schock fallen. Vier Dinge passieren dann typischerweise mit dem Körper:

- **Das Herz rast, um Blut zu pumpen, das nicht mehr da ist;**
- **der Blutdruck fällt, was entweder zur Ohnmacht oder zum Zusammenbruch führt;**
- **die Nieren hören auf, Urin zu produzieren, um den Flüssigkeitsspiegel im Körper aufrechtzuerhalten;**
- **die Person wird extrem durstig, da der Körper versucht, das verlorene Blut mit Flüssigkeit auszugleichen.**

Jesus hatte zumindest zwei dieser Anzeichen: Er brach zusammen, als er das Kreuz tragen musste, sodass die Soldaten Simon von Kyrene befahlen, es weiter zu tragen; und er sagte: »Ich habe Durst«, als er am Kreuz hing.

Am Kreuz

Wenn Todeskandidaten heutzutage in Nordamerika auf einer Liege festgebunden werden und eine Todesspritze erhalten oder wenn man sie auf dem elektrischen Stuhl festschnallt und eine hohe Ladung Elektrizität durch sie hindurchjagt, ist der Tod absolut sicher und kontrolliert. Der Tod ist so sicher, dass ein Verurteilter auf dem Weg zur Hinrichtungskammer in den USA bereits als »dead man walking« bezeichnet wird: »Hier kommt der tote Mann.«

Aber wie sicher konnte man bei der grausamen, langsamen und eher unpräzisen Art der Tötung am Kreuz sein? Die meisten Leute wissen nicht, wie die Opfer bei einer Kreuzigung genau sterben. Und ohne einen geschulten Arzt, der offiziell die Stunde und Ursache des Todes verkündet, hätte Jesus vielleicht doch halbwegs heil aus der Sache rauskommen können – brutal zugerichtet, blutend wie ein Schwein, aber zumindest lebendig?

Um diese Frage für mich zu beantworten, habe ich mir den Vorgang der Kreuzigung genauer angesehen.

Als Jesus am Ort der Kreuzigung ankam, musste er vorschriftsgemäß auf den Rücken gelegt werden, die Arme ausgestreckt, auf einen großen Holzbalken. Der Henker musste dann zwei spitze Nägel nehmen, jeder von ihnen 12 bis 15 Zentimeter lang, und sie durch die Handgelenke in den Balken schlagen.

Handfläche oder Handgelenk?

Fast alle Bilder von Jesus am Kreuz zeigen die Nägel in den Handflächen – vielleicht weil in der Bibel davon die Rede ist, dass sie ihm in die Hände geschlagen wurden (Johannes

20,25). Tatsächlich schlugen die Römer ihren Opfern die Nägel aber in die Handgelenke (die nach dem damaligen Denken ein Teil der Hand waren).
Die Knochen der Handflächen sind nicht stark genug, um das Gewicht eines Körpers zu tragen, der am Kreuz hängt. Die Nägel hätten die Hände einfach gespalten und der Gekreuzigte wäre heruntergefallen.

Wenn man einen Nagel durch die Handgelenke schlägt, wird damit ein großer Nerv zerstört, der zur Hand führt. Wenn du dir jemals deinen Musikantenknochen gestoßen hast, dann weißt du, wie schmerzhaft Nerven auf Reizung reagieren. Stell dir eine Zange vor, die den Nerv in deinem Musikantenknochen quetscht, und vielleicht kriegst du eine Ahnung von dem Schmerz, den die Nägel in den Handgelenken verursacht haben müssen.

Zu Beginn der Kreuzigung lag der waagerechte Balken noch auf dem Boden und war noch nicht mit dem senkrechten Balken verbunden. An dieser Stelle wurde Jesus hochgerissen, als der Henker die beiden Balken zusammenfügte und Nägel in seine Füße bohrte und auch dort die Nerven zerstörte.

Im Englischen gibt es ein Wort, excruciating, etwa »unerträglich schmerzhaft«, das auf das Wort für »Kreuzigung« (crucifixion) zurückgeht und extra erfunden werden musste, um die Qual einer Kreuzigung zu beschreiben.

Kaum stand das Kreuz aufrecht, wurden die Arme Jesu vom Gewicht seines Körpers gedehnt – Wissenschaftler geben an, dass sie um bis zu 15 Zentimeter in die Länge gezogen wurden. Beide Schultern wurden unter der Belastung ausgekugelt.

Die Todesursache

Verletzte Nerven und ausgekugelte Gelenke müssen einen Menschen nicht unbedingt umbringen. Wenn jemand erst mal senkrecht am Kreuz hängt, tritt der langsame und schmerzhafte Tod durch Ersticken ein.

Um auszuatmen, muss der Gekreuzigte sich auf seine Füße stellen. Wenn er das tut, zerreißt ihm der Nagel in seinen Füßen den Spann, bis er möglicherweise vom Fußgelenk oder der Ferse aufgehalten wird.

Nachdem er es geschafft hat auszuatmen, kann er sich zunächst entspannen und wieder Luft holen. Dann müsste er sich wieder aufrichten, seinen blutigen Rücken am rauen Holz des Kreuzes schleifen. Das würde so lange weitergehen, bis ihn die totale Erschöpfung übermannen würde und der Gekreuzigte sich nicht mehr hinstellen könnte, um einzuatmen.

Wenn die Atmung abflacht, würde der Sauerstoffmangel zu Herzrasen und schließlich zum Herzstillstand führen.

Wasser und Blut

Die Kombination von Schock, einem rasenden Herzen und schließlichem Herzversagen führt dazu, dass sich eine klare, wässrige Flüssigkeit in Herz und Lungen ansammelt. Ein Stich durch Lunge oder Herz würde diese Flüssigkeit – und natürlich Blut – abfließen lassen.

Der Apostel Johannes beschrieb dieses medizinische Phänomen in seiner Darstellung der Kreuzigung. In seinem Evangelium heißt es: »Einer der Soldaten stach ihm mit seinem Speer in die Seite. Da kam Blut und Wasser heraus« (Johannes 19,34).

Tot oder lebendig?

Dr. William D. Edwards zog in einem Artikel seine Schlüsse über die Kreuzigung: »Das Gewicht der historischen und medizinischen Beweise spricht eindeutig dafür, dass Jesus tot war, bevor ihm die Wunde in der Seite zugefügt wurde [...]. Interpretationen, die von der Annahme ausgehen, dass Jesus nicht am Kreuz starb, stehen im Widerspruch zu modernen medizinischen Erkenntnissen.«

Du kannst deine eigenen Schlüsse ziehen. Was mich überzeugte, war Folgendes: Angenommen, Jesus hätte am Kreuz überlebt. Angenommen, er wäre in der Lage gewesen, sich aus den Leichentüchern zu befreien, den Stein vom Grabeingang wegzurollen und an den römischen Wachen vorbeizukommen, die vor dem Grab standen. Nachdem er das Trauma des Kreuzes durchlebt und katastrophal viel Blut verloren hatte. Würden die Jünger ihn bei diesem Anblick wirklich als den siegreichen Herrn über Leben und Tod verehren? Würde er sie dann noch motiviert haben können, eine weltweite Bewegung zu starten – auf Grund der Hoffnung, eines Tages selbst nach ihrem eigenen Tod einen Körper zu haben wie den, den sie da vor sich sahen?

Nach meiner Überzeugung war die Theorie, Jesus sei am Kreuz nicht gestorben, damit hinfällig. Diese Vorstellung ergab einfach keinen Sinn. Aber erinnere dich, die zentrale Behauptung des Christentums ist nicht nur der Tod Jesu, sondern seine Auferstehung. Zuzugeben, dass Jesus tot war bedeutet noch lange nicht zuzugeben, dass er auch einen Weg zurück ins Leben fand.

Die Frage aller Fragen

**Was könnte Jesus dazu motiviert haben,
sich freiwillig so erniedrigen und brutal hinrichten zu lassen,
wie es geschehen ist?**

Kapitel 8

Was geschah mit seinem Körper?

Wenn du das nächste Mal die Nachrichten auf RTL oder ProSieben siehst, dann achte doch mal darauf, ob der Sender nicht das Foto eines Menschen zeigt mit der Unterschrift: »Verschwunden«.

Es ist ein trauriger Umstand, dass heutzutage Menschen verschwinden. Aber außer in Horrorfilmen verschwinden sie wenigstens nicht sehr oft aus Gräbern. Doch genau das ist es, was mit dem Körper von Jesus Christus passiert zu sein scheint. Sein leeres Grab ist, zumindest für die Christen, ein Symbol für seine Auferstehung. Und die Auferstehung Christi ist der endgültige Beweis, dass Jesus Gott ist.

Die Frage, die du für dich beantworten musst, lautet: »Ist dieses leere Grab ein Zeichen dafür, dass Jesus ins Leben zurückkehrte, oder ist er nur eine Person, die eben nach ihrem Tode vermisst wird?«

Wer sagt, das Grab sei leer?

Ich ging ins Internet und schaute mir die Webseiten verschiedener Organisationen an, die dem Christentum skeptisch gegenüberstehen. Aus irgendeinem Grund beschäftigen sich nicht viele Atheisten mit dem leeren Grab, aber ich begegnete einem Vorwurf, den ich schon früher gehört hatte.

Ein Skeptiker sagt, er könne nur schwer daran glauben, das Grab Christi sei wirklich leer gewesen, weil sich keiner der Jünger oder der späteren Prediger traute, mit dem Finger darauf zu zeigen. Er schrieb: »Wir hätten von den frühen christlichen Predigern deutlichere Worte erwartet: ›Ihr glaubt uns nicht? Dann geht hin und guckt euch das Grab selbst an! Es liegt im fünften Quergang, Ecke Hauptweg, dritte Gruft von links.‹«

Aber, so der Skeptiker, Petrus erwähne das Grab nicht in seiner Predigt, die in der Apostelgeschichte, Kapitel 2, steht. Daraus schließt er: »Wenn nicht einmal die Jünger daran glaubten, dass der Glaube an das leere Grab irgendeinen Sinn machte, warum sollten wir es dann tun?«

Gute Frage! Ich las zur Sicherheit die Predigt von Petrus selbst noch mal durch, und tatsächlich, Petrus gibt keine Adresse des Grabes an, er benutzt nicht einmal die Wörter »leeres Grab«.

Aber ganz so einfach ist die Sache nicht. Petrus ging mit Sicherheit davon aus, dass das Grab leer war, auch wenn er es mit anderen Worten ausgedrückt hatte. Hier sind einige Hinweise, die Petrus auf Jesu Tod und Auferstehung gab:

- »Ihr habt ihn durch Menschen, die Gott nicht kennen, ans Kreuz schlagen lassen. Aber so hatte Gott es vorherbestimmt. Er hat ihn auch aus der Gewalt des Todes befreit und wieder zum Leben erweckt; der Tod konnte ihn unmöglich gefangen halten« (Apostelgeschichte 2,23–24).
- »Brüder, ich darf offen zu euch über unseren König David sprechen. Er starb und wurde begraben, und sein Grab ist noch heute bei uns zu sehen. Aber er war ein

Prophet [...]. Er sah voraus, was Gott vorhatte, und seine Worte beziehen sich auf die Auferstehung des versprochenen Retters. Von diesem gilt: ›Gott ließ ihn nicht bei den Toten und sein Körper ist nicht verwest.‹ Diesen Jesus also hat Gott vom Tod erweckt, das können wir alle bezeugen« (Apostelgeschichte 2,29–32).

Was denkst du?

Was denkst du? Glaubte Petrus wirklich, dass das Grab leer war? Du kannst seine ganze Predigt in der Apostelgeschichte, Kapitel 2, lesen, wenn du wissen willst, was er sonst noch so gesagt hat. Die Christen glauben an das, was sie glauben, nicht nur auf Grund der frühen Predigten wie der des Petrus, sondern auch auf Grund der Erzählungen in den Evangelien (den frühen Jesus-Biografien) und einiger Briefe, die an frühe Christengemeinden geschrieben wurden (siehe auch Kasten: »Geschichten vom leeren Grab«). Wirklich interessant ist allerdings, dass die Christen nicht die Einzigen waren, die behaupteten, das Grab sei leer. Die jüdischen Führer sagten das gleiche! Ungefähr so lief der Streit ab:

Christen: »Das Grab von Jesus ist leer – er wurde von den Toten auferweckt!«

Jüdische Führer: »Nein, die Jünger haben seinen Leichnam gestohlen.«

(Du kannst über diesen Streit in Matthäus 28, Verse 11–15 lesen.)

Denk mal drüber nach: Wenn Jesus in Wahrheit noch in dem Grab gelegen hätte, müsste der Streit doch so ausgesehen haben:

Christen: »Das Grab von Jesus ist leer – er wurde von den Toten auferweckt!«

Jüdische Führer: »Das Grab ist gar nicht leer! Die Leiche liegt immer noch drin.«

Unabhängig von dem, was ich auf dieser Webseite las, scheinen eine Menge Leute zumindest damit einverstanden zu sein, dass das Grab Christi leer war. Worüber sie sich nicht einig sind, ist, wie es dazu kam.

Grabräuber

Der normale Weg für einen toten Körper, von einem Ort zu einem anderen zu kommen, ist, dass ihn jemand bewegt. Also ist es nicht überraschend, dass die geläufigsten Theorien über das Verschwinden der Leiche Jesu davon ausgehen, dass jemand - oder mehrere - gekommen ist und sie mitgenommen hat (für weitere Theorien: siehe Kasten »Sorry - falsche Gruft«). Wer? Dazu gibt es verschiedene Vorschläge.

Diebe im Schutz der Nacht

Die ersten Verdächtigen sind logischerweise die Jünger. Beinahe gleich, nachdem Jesu Körper verschwunden war, kamen Gerüchte auf, dass seine Jünger mit der Leiche abgehauen wären.

Wenn du mal einen Krimi gelesen oder ein Gerichtsdrama gesehen hast, dann weißt du, dass zwei entscheidende Überlegungen bei einem Verbrechen das *Motiv* und die *Gelegenheit* sind. Wenn man herausfinden will, wer etwas getan hat, muss man jemanden suchen, der sowohl einen Grund für das Verbrechen hatte (in diesem Fall die Leiche zu stehlen) als auch die Möglichkeit, es zu begehen.

Geschichten vom leeren Grab

Vielleicht fragst du dich, was die Jünger und die frühen christlichen Prediger über den Verbleib der Leiche Jesu dachten. Hier sind einige Stellen, in denen du Antworten finden wirst.

Biografien
Matthäus 27,57–28,15
Markus 16
Lukas 24
Johannes 20

frühe Predigten
Apostelgeschichte 2,22–32
Apostelgeschichte 13,29–37

Brief an eine Gemeinde im ersten Jahrhundert
1. Brief an die Korinther 15,3–4

Hatten die Jünger ein Motiv, den Leichnam Jesu zu stehlen? Oberflächlich betrachtet scheint das möglich zu sein. Die Evangelien berichten, dass die Jünger nach seinem Tod gelähmt, verschreckt, desillusioniert und enttäuscht waren. Die Anhänger, die alle Hoffnung aufgegeben hatten (in Lukas 24,13–24 kannst du etwas über sie lesen) oder die sich ängstlich hinter verschlossenen Türen versteckten (siehe Johannes 20,19), waren vermutlich nicht die besten Kandidaten für einen kühnen Grabraub, aber es gab vielleicht auch andere. Wenn sie das Gerücht verbreiten wollten, Jesus wäre ins Leben zurückgekehrt (obwohl alles, was man durch eine solche Behauptung »gewann«, gnadenlose

Verfolgung war), dann mussten sie auf jeden Fall diesen verräterischen toten Körper loswerden. So viel zum Motiv. Wie sah es mit der Gelegenheit aus?

Sorry – falsches Grab

Eine mögliche Erklärung für das leere Grab ist, dass die Frauen, die es fanden, aus Versehen zur falschen Gruft liefen.

Argumente für diese Theorie:

- In drei Evangelien wird erzählt, dass die Frauen am leeren Grab auf jemanden trafen, der sagte: »Ihr sucht Jesus von Nazaret? Er ist nicht hier« (vgl. Matthäus 28,1–9; Markus 16,1–8; Lukas 24,1–8).
- Die Frauen können sich *eingebildet* haben, es sei ein Engel gewesen, der ihnen erzählt hat, Jesus wäre auferstanden – obwohl es eigentlich nur ein Gärtner war, der ihnen sagte, dass Jesus nicht in eben *diesem* Grab lag (sondern in einem anderen).

Argumente gegen die Theorie:

- Die gleichen Evangelien berichten, dass die Frauen anwesend sind, als der Leichnam Jesu ins Grab gelegt wird (Matthäus 27,61; Markus 15,47; Lukas 23,55). Wie wahrscheinlich ist es, dass die Frauen vergessen haben, wo das Grab ist? Selbst, wenn es so gewesen ist – ihr Freund, dem die Grabkammer gehörte, hätte sicher noch gewusst, wo sie sich befindet.
- Wenn die Frauen nur zum falschen Grab gegangen sind, warum zeigten dann die jüdischen Führer nicht einfach auf das richtige, in dem immer noch die Leiche Jesu lag, als die Gerüchteküche zu brodeln begann?

Wenn ich an Grabräuber denke, dann sehe ich vor meinem inneren Auge immer Indiana Jones, der gerade in die Pyramide eines Pharao einsteigt, oder wie ein drittklassiger Schauspieler in einem schlechten Schwarzweißstreifen als Zombie über einen Friedhof wankt. Aber das trifft nicht ganz das Bild vom Grab Jesu, das man manchmal zu Ostern auf Postkarten sieht. Also beschloss ich herauszufinden, wie die Grabkammer ausgesehen hatte, in der Jesus lag, bevor ich irgendwelche Schlüsse zog, ob die Jünger die Chance gehabt haben konnten, es auszurauben.

Natürlich ließ sich im Archiv der *Chicago Tribune* kein Foto von der Beerdigung Jesu finden. Deshalb musste ich mich darauf verlassen, was die Archäologen über Grabanlagen aus dem ersten Jahrhundert herausgefunden haben. Soweit sie das beurteilen können, muss das Grab Jesu ungefähr folgendermaßen ausgesehen haben:

Felsenhöhle

Das Grab war wie ein kleiner, in den Fels gehauener Raum. Während heute Gräber meistens einfach große Löcher in der Erde sind, war der Eingang zu den Gräbern von damals wie der Eingang zu einer überirdischen Höhle. Er befand sich dicht über der Erde und direkt davor verlief eine abfallende Rille. Ein großer, tellerförmiger Stein wurde die Rille heruntergerollt und blockierte so den Eingang. Durch die Schwerkraft war es einfach, den Stein herunterzurollen, aber man brauchte schon mehrere Männer, um den Stein wieder wegzurollen und das Grab zu öffnen.

So viel hat die Forschung der Archäologen ergeben. Das Evangelium von Matthäus bestätigt diese Beschreibung und liefert noch ein paar weitere Informationen.

»Am Abend kam ein reicher Mann aus Arimathäa; er hieß Josef und war ein Jünger Jesu. Er ging zu Pilatus und bat ihn, den Leichnam Jesu freizugeben. Genau das tat Pilatus dann auch. Josef nahm den Toten, wickelte ihn in ein sauberes Leinentuch und legte ihn in sein eigenes Grab, das in einen Fels gehauen und noch unbenutzt war. Dann rollte er einen schweren Stein vor den Grabeingang und ging fort. Maria aus Magdala und eine andere Maria blieben dort und setzten sich dem Grab gegenüber nieder. Am nächsten Tag – es war der Sabbat – kamen die führenden Priester und die Pharisäer gemeinsam zu Pilatus und sagten: ›Herr, uns ist eingefallen, dass dieser Schwindler behauptet hat, er werde drei Tage nach seinem Tod auferweckt werden. Gib deshalb Anweisung, das Grab bis zum dritten Tag streng zu bewachen! Sonst könnten seine Jünger die Leiche stehlen und dann unserem Volk erzählen, er sei vom Tod auferweckt worden. Dieser letzte Betrug wäre dann noch viel schlimmer als die Lügen vorher.‹ ›Ich gebe euch eine Wache‹, sagte Pilatus. ›Geht und sichert das Grab, wie ihr es für nötig haltet!‹ Sie gingen also zum Grab, versiegelten den Stein am Eingang gemeinsam mit der Wache und ließen diese beim Grab zurück« (Matthäus 27,57-66).

Amtlich versiegelt

Um das Grab zu »versiegeln«, spannten die Behörden damals ein Seil vor den Grabeingang, dessen Enden an der Felsenwand mit Ton oder Wachs befestigt wurden, sodass niemand das Grab öffnen konnte, ohne das Seil zu zerschneiden oder das Siegel zu brechen. Möglicherweise trug das Siegel sogar den offiziellen Stempel des Römischen Reiches, sodass jeder, der es brach, gleichzeitig Reichsrecht brach.

Die Berichte im Neuen Testaments (dessen Glaubwürdigkeit wir ja in Kapitel 5 und 6 überprüft hatten) bestätigen also, dass das Grab durch ein Siegel geschützt wurde und dass Soldaten davor Wache hielten. Erinnerst du dich an den Streit zwischen Christen und den jüdischen Anführern in der Zeit nach dem Tod von Jesus? Wie ging es weiter?

Christen: »Das Grab von Jesus ist leer –
er wurde von den Toten auferweckt!«
Jüdische Führer: »Nein, die Jünger haben seinen
Leichnam gestohlen.«
Christen: »Wie hätten sie das tun sollen?
Die Wachen vor dem Grab hätten sie aufgehalten.«
Jüdische Führer: »Tja, vielleicht sind die Wachen ja
auch eingeschlafen.«
Christen: »Alles klar! Ausgebildete Berufssoldaten
schlafen während ihrer Arbeit ein –
und wachen nicht mal von dem Lärm auf,
als der Stein weggerollt wurde. Das kann doch gar
nicht sein! Die Juden haben sie bestochen,
damit sie behaupten, sie wären eingeschlafen.«

Wenn keine Wachen da gewesen wären, hätte dieser Streit keinen Sinn ergeben. Die jüdischen Führer hätten einfach gesagt: »Welche Wachen? Ihr seid doch verrückt. Da waren gar keine Wachen!«

Was glaubst du? Hatten die Jünger ein überzeugendes Motiv und gesicherte Möglichkeiten, die Leiche Jesu aus dem Grab zu stehlen?

Römische Räuber, jüdische Diebe

Weil sie kein einleuchtendes Motiv und keine praktische Möglichkeit für die Jünger fanden, äußerten einige Leuten die Vermutung, die Römer selbst oder die jüdischen Führer könnten die Leiche heimlich herausgeschmuggelt haben.

Was glaubst du?

Was glaubst du? Hatten die Jünger sowohl Motiv als auch die Möglichkeit, die Leiche Jesu aus dem Grab zu stehlen?

Motiv	**Möglichkeit**
Ein toter Mann in einer Gruft macht sich schlecht, wenn man behaupten will, er sei von den Toten auferstanden.	**Herausforderungen:** **- Das Grab war im Freien.** **- Die Aktion geschah in den frühen Morgenstunden.** **- Das Grab wurde von Soldaten bewacht. Hätten sich die Jünger an ihnen vorbeischleichen können?** **- Die Leiche war von Felsen eingeschlossen.**

Wie viele Tage hat ein Wochenende?

Jesus sagte, er würde nach seinem Tod am dritten Tage auferstehen. (Diese Behauptung findest du bei Matthäus 27,63; Markus 8,31; Johannes 2,19–21.) Aber wenn Jesus am Karfreitag gekreuzigt wurde und am Ostersonntag wieder auferstand, dann war er nur für zwei Nächte, einen ganzen und zwei halbe Tage im Grab. War seine Voraussage also falsch? Einige Kritiker meinen, Jesus hätte Unrecht gehabt. Er hatte behauptet, drei Tage im Grab zu bleiben, aber er tat es nicht. Andere sagen, er sei schon am Mittwoch gekreuzigt worden, nicht erst freitags, sodass er drei volle Tage im Grab blieb. Viele Forscher erinnern daran, dass die Juden damals jeden Teil eines Tages bereits als ganzen Tag betrachteten. Nach ihrer Zählweise wäre Jesus also wirklich drei Tage im Grab gewesen – und es gibt keinen echten Widerspruch.

Sicherlich hätten die römischen Behörden mit der Macht, die sie damals hatten, eine Gelegenheit gefunden, die Leiche verschwinden zu lassen. Pilatus hatte die Wachen beauftragt, das Grab im Auge zu behalten; er hätte sie auch leicht anweisen können, die Leiche zu entfernen. Und scheinbar standen sie auf der Seite der jüdischen Anführer, sodass auch diese eventuell die Möglichkeit gehabt hatten.

Aber warum? Was war ihr Motiv?

Warum sollten die Römer Jesu Leiche stehlen wollen? Sie haben ihn selbst zum Tode verurteilt.

Warum sollten die jüdischen Führer seine Leiche stehlen wollen? Sie wollten doch, dass er auch tot blieb!

Und selbst wenn sie ihn gestohlen hätten, warum zeigten sie seinen toten Körper dann nicht, als die Jünger anfingen zu verbreiten, dass Jesus am Leben sei?

Wo sind all' die Leichen hin?

Sowohl die Evangelien als auch die Bekenntnisse der frühen Kirche und die Aussagen der jüdischen Anführer weisen alle auf ein leeres Grab hin. Für dieses leere Grab könnte es eine natürliche Erklärung geben - jemand hat den Leichnam gestohlen - oder eine übernatürliche - Jesus ist von den Toten auferstanden.

Wenn sich erweisen sollte, dass eine der natürlichen Erklärungen zutrifft, dann würde sie ein Teil des Puzzles erklären: das Verschwinden des Körpers. Aber es würde nicht klären, warum die Jünger die Nachricht von seiner Auferstehung verbreiteten, und es würde auch nicht die radikale Verwandlung der Jünger selbst erklären.

Bill Craig glaubte, die Beweise für die Auferstehung seien so überzeugend, dass er einwilligte, öffentlich mit einem Atheisten zu debattieren, der vom Vorsitzenden der amerikanischen Gesellschaft für Atheisten ausgewählt worden war. Ich konfrontierte ihn nach der Sendung mit einer Frage zum leeren Grab.
Ich fragte ihn: »Selbst wenn die natürlichen Erklärungsversuche zugegebenermaßen Löcher haben, sind sie nicht doch wesentlich plausibler als die absolut unglaubliche Idee, dass Jesus der Fleisch gewordene Gott war, der von den Toten auferstanden ist?«
Craig antwortete: »Oh, das glaube ich nicht. Ich denke, die Hypothese, dass Gott Jesus von den Toten auferweckt hat, ist gar nicht so unmöglich, wie es scheint. Auf der Grundlage der Beweise ist sie beste Erklärung für das, was passierte. Unwahrscheinlich dagegen ist die Hypothese, dass Jesus ganz von alleine von den

Toten auferstanden ist. Das ist absurd, da stimme ich den Kritikern zu. Jede Hypothese ist plausibler als die Annahme, dass der Körper Jesu spontan wieder zu leben anfing.«
»Können Sie mir das ein bisschen erläutern?«, fragte ich.
»Worum es letztlich geht, ist die Frage« erklärte er, »ob es Wunder gibt. Wenn nicht, dann ist die Vorstellung eines toten Körpers, der von alleine nach drei Tagen wieder ins Leben zurückkehrt, eine nicht sehr sinnvolle Idee. Aber wenn es das Übernatürliche, wenn es Wunder gibt, dann ist es auch möglich, dass Jesus von einer übernatürlichen Macht auferweckt wurde.«
Damit fasste er seine Auffassung zusammen: »Solange es möglich ist, dass es Gott wirklich gibt, solange ist es auch möglich, dass Gott in die Geschichte eingriff, indem er Jesus von den Toten auferweckte.«
Wie würdest du ihm darauf antworten?

Lies, was mit den Jüngern geschah: Nach dem Tod Jesu sind sie alle ziemlich deprimiert. Petrus hatte Jesus dreimal verleugnet, als dieser verhört wurde! Die Jünger liefen fort, weil sie Angst hatten, auch am Kreuz zu enden. Sie versteckten sich hinter verschlossenen Türen. Johannes entschloss sich, wieder wie früher als Fischer zu arbeiten. Aber nur kurze Zeit später sind sie alle wieder da und reden mutig darüber, dass Jesus Christus lebendig sei. Diese Leute, die eben noch feige weggerannt sind, haben sich in Menschen verwandelt, die sich so unglaublich sicher sind, den auferstandenen Jesus gesehen zu haben, dass sie für ihre Überzeugung, er sei der Sohn Gottes, der aus dem Grab zurückgekehrt ist, sogar freiwillig in den Tod gehen. Und sie waren nicht nur *bereit*, dafür zu sterben –

zehn von den verbleibenden elf Jüngern *wurden* für ihren Glauben tatsächlich hingerichtet. Und keiner von ihnen wich von seiner Überzeugung ab, dass die Auferstehung wirklich geschehen ist und Jesu Behauptung untermauert, er sei Gott.

Was geschah nach der Entdeckung des leeren Grabes mit ihnen, das sie so verändert hat? Darum geht es in Kapitel 9.

Kapitel 9

Was tat Jesus nach Ostern?

1963 wurde die 14-jährige Addie Mae Collins, die zusammen mit drei anderen afroamerikanischen Mädchen bei einem tragischen Bombenattentat weißer Rassisten auf eine Kirche ums Leben gekommen war, in Birmingham, Alabama, beerdigt. Jahre lang kehrten Familienmitglieder immer wieder zu ihrem Grab zurück, um zu beten und Blumen niederzulegen. 1998 entschieden sie sich, das Grab auf einen anderen Friedhof zu verlegen.

Aber als die Arbeiter sich daran machten, die Leiche auszugraben, machten sie eine schockierende Entdeckung: Das Grab war leer.

Wie ihr euch vorstellen könnt, war die Familie völlig aufgeregt. Die Friedhofsleitung versuchte irgendwie zu erklären, wie das passiert sein konnte. Verschiedene Theorien wurden aufgestellt; die wahrscheinlichste Möglichkeit war, dass der Grabstein an der falschen Stelle stand.

Bei allen Erklärungsversuchen wurde aber eines nicht vorgeschlagen: Niemand nahm an, Addie Mae sei auferstanden und würde wieder lebendig umherlaufen. Warum? Weil ein leeres Grab an sich noch keine Auferstehung ausmacht.

Zu beweisen, dass Jesu Grab am Ostersonntag wirklich leer war, ist schon eine Sache (siehe Kapitel 8). Aber obwohl ich wusste, dass das eine notwendige Voraussetzung für die Annahme ist, dass er auch auferstanden ist, war ich mir auch im Klaren, dass eine fehlende Leiche an sich noch kein *ausreichender* Beweis ist. Wenn ich daran glauben sollte, dass ein toter Mensch wieder lebendig wurde, dann wollte ich dafür mehr Beweise.

»Das muss ich erst sehen ...«

Sogar der zähe Mythos, dass Elvis immer noch lebt, hätte ohne die gelegentlichen Berichte von Menschen, die behaupteten, ihn irgendwo gesehen zu haben, keine Nahrung erhalten. Was ich unbedingt wissen musste, war: Gab es irgendwelche Jesus-Sichtungen nach seinem Tod? Und wenn ja, waren sie glaubwürdiger als die Berichte über Elvis in der Boulevardpresse?

500 Augenzeugen

Über das Auftreten Jesu mit den meisten Augenzeugen berichtet der Apostel Paulus, der darüber in einem Brief an die Gemeinde in Korinth schreibt:

> »Ich habe an euch weitergegeben, was ich selbst erhalten habe, nämlich als Erstes und Grundlegendes: Christus ist für unsere Sünden gestorben, wie es in der heiligen Schrift vorausgesagt war, und wurde begraben. Er ist am dritten Tag vom Tod auferweckt worden, wie es in den heiligen Schriften vorausgesagt war, und hat sich Petrus gezeigt, danach dem ganzen Kreis der zwölf Jünger. Später sahen ihn über 500 Brüder auf einmal; einige sind inzwischen gestorben, aber die meisten leben noch.«

Was meine Aufmerksamkeit auf sich zog, war dieser letzte Satz: »Die meisten leben noch« (du kannst diese Stelle im 1. Korinther-Brief 15,3–6 selbst nachlesen). Entweder kannte Paulus einige dieser Leute, oder jemand hatte ihm erzählt, dass es noch welche gab, die herumliefen und interviewt werden konnten.

Denk mal darüber nach: Würdest du so etwas über Jesus sagen, wenn du nicht absolut sicher wärst, diese Leute könnten auch bestätigen, dass sie Jesus wirklich lebendig gesehen haben? Ich meine, Paulus hat die Empfänger seines Briefes praktisch dazu eingeladen, die Sache selbst zu überprüfen. Hätte er das getan, wenn er nicht absolut sicher gewesen wäre, dass jemand seine Version bestätigen könnte?

Was glaubst du?

Wenn du als Richter jeden einzelnen Augenzeugen, der im Neuen Testament erwähnt wird, für 15 Minuten in den Zeugenstand rufen müsstest, rund um die Uhr und ohne Pause, würde es etwa vom Frühstück am Montag bis zum Abendessen am Freitag dauern, bis du sie alle verhört hättest. Würden dich diese 129 Stunden dauernden Zeugenaussagen überzeugen, dass Jesus ins Leben zurückgekehrt ist? Warum oder warum nicht?

Sieh genau hin!

Die Biografien Jesu in den Evangelien beschreiben Jesu Auftreten nach seinem Tod sehr detailliert (siehe Kasten: Auferstehungsberichte), genau wie es auch die Reden von Petrus (Apostelgeschichte 2) und Paulus (Apostelgeschichte 13) tun. Zugegeben, nicht jeder akzeptiert die Informationen, die man im Neuen Testament findet, aber ich fand, wie in Kapitel 5 und 6 geschildert, sehr sinnvolle Gründe, grundsätzlich auf die Glaubwürdigkeit der biblischen Berichte zu vertrauen.

Untersuchung der Alternativen

Die ganzen Hinweise in den Evangelien und der Apostelgeschichte - in denen zahlreiche Vorfälle, Zeugen und Details geschildert werden - waren ziemlich eindrucksvoll. Aber könnte es nicht eine plausible Alternative geben, die die scheinbaren Begegnungen mit dem auferstandenen Jesus erklärten?

Möglichkeit 1: Die Erscheinungen sind Legenden

Wenn du jemals ein Abenteuer erlebt und zu Hause davon erzählt hast, dann weißt du, wie schnell diese Geschichten mit jedem Mal größer und toller werden - besonders, wenn viele Leute daran beteiligt waren und ihre eigenen kleinen Ergänzungen machen. Die Stromschnellen, in die du bei der letzten Kanu-Fahrt geraten bist, scheinen in der Erinnerung weitaus tückischer, dein Kampf heldenhafter zu sein und der Situation zu entkommen war auf einmal eine Sache von Leben und Tod.

Vielleicht war es auch mit den Geschichten über Jesus, über seine Auferstehung und seine Erscheinungen so. Vielleicht sind es nur Legenden, die über die Zeit gewachsen sind.

Auferstehungsberichte

Die folgenden Berichte über Jesu Auferstehung kannst du selbst nachlesen. Klingen sie für dich wie die Wahrheit? Würdest du sie als Beweis für die Auferstehung werten?
Jesus erschien ...
... Maria Magdalena (Johannes 20,10–18),
... zwei anderen Frauen (Matthäus 28,8–10),
... Kleopas und einem Reisenden auf der Straße nach Emmaus (Lukas 24,13–32),
... elf Jüngern und anderen (Lukas 24,33–49),
... zehn Aposteln und anderen, als Thomas nicht da war (Johannes 20,19–23),
... Thomas und den anderen Aposteln (Johannes 20,26–30),
... sieben Aposteln (Johannes 21,1–14),
... den Jüngern (Matthäus 28,16–20).
Schließlich war er mit den Aposteln auf dem Ölberg (Lukas 24,50–52 und Apostelgeschichte 1,4–9).

Ein Argument für diesen Erklärungsansatz ist die Tatsache, dass die Erzählungen in den Evangelien immer zahlreicher wurden. Markus berichtet von keiner einzigen Erscheinung; Matthäus hat ein paar; Lukas hat mehr und Johannes die meisten.

Menschen, die nicht daran glauben, dass die Erzählungen bloß Legenden seien, haben folgende Argumente zu bieten:

- Legenden machen aus einer Geschichte eine größere, aber sie verraten nicht, wie die Geschichte anfangs aussah. *Irgendetwas* geschah und ließ die Apostel glauben, dass Jesus auferstanden sei, und ließ diese Auferstehung zum Mittelpunkt der frühen christlichen Kirche werden.

- Die umfangreichste Behauptung im Bezug auf Augenzeugen – der Bericht im 1. Korinther-Brief, Kapitel 15, der 500 Zeugen auf einmal erwähnt – war bereits geschrieben, bevor die Evangelien entstanden. (Paulus schickte viele Briefe, die heute ein Teil des Neuen Testaments sind, inklusive des Korinther-Briefes, bevor die Evangelien geschrieben wurden.) Das ist das Gegenteil von gewöhnlicher Legendenbildung, die klein anfängt und groß wird. Auch wurde der Brief zeitlich so kurz nach der Auferstehung geschrieben, dass Historiker sagen, es hätte einfach nicht genügend Zeit gegeben, damit eine Legende wachsen und den harten Kern der Wahrheit überwuchern konnte.
- Und was ist mit dem leeren Grab? Wenn die Auferstehung nur ein Mythos wäre, dann müsste es eine andere Erklärung geben, warum am Ostermorgen keine Leiche mehr im Grab lag.

Möglichkeit 2: Die Erscheinungen waren Halluzinationen

Vielleicht glaubten die Augenzeugen wirklich, sie hätten Jesus gesehen. Vielleicht haben sie tatsächlich genau das weitergegeben, was sie gesehen haben. Aber könnten sie nicht Opfer einer Halluzination gewesen sein, die ihnen vortäuschte und sie überzeugte, Jesus stünde vor ihnen, obwohl er es gar nicht tat?

Das beste Argument für die Theorie mit den Halluzinationen ist, dass Halluzinationen, so weit ich weiß, häufiger vorkommen als Auferstehungen. Prinzipiell ist es leichter zu glauben, jemand habe eine Halluzination, als dass jemand von den Toten zurückkehrt.

Ich habe mich über das Thema mit einem Experten unterhalten, der Folgendes klar machte:

- Nur ein Einzelner hat gewöhnlich eine Halluzination. Eine größere Gruppe von Leuten, egal, ob zehn, zwölf oder 500, könnte nicht die gleiche Halluzination zur gleichen Zeit haben.
- Halluzinationen mögen zwar häufiger sein als Auferstehungen, aber sie passieren immer noch recht selten. Die meisten Halluzinationen werden von Drogen hervorgerufen oder aus Mangel an Essen, Wasser oder Schlaf. Die Wahrscheinlichkeit, dass Hunderte von Leuten aus ganz verschiedenen Situationen zur gleichen Zeit anfingen zu halluzinieren, ist unglaublich gering.
- Wenn die Leute nur dachten, sie sähen Jesus, wäre seine Leiche immer noch im Grab.

Möglichkeit 3: Wunschdenken

Du kennst vielleicht Leute, die es fast immer schaffen, das zu sehen, was sie sehen wollen, eine Situation so hinzudrehen, dass sie sehen, was sie schon immer geglaubt haben. Wie ein Kerl, der meint, er sei Gottes Geschenk an die Frauen: Ein Mädchen kann an ihm vorbeilaufen und noch nicht einmal in seine Richtung gucken – er wird sich umdrehen und sagen: »Sie will mich!« Oder die paar Jungs, die glauben, ihre Band stünde kurz vor dem ganz großen Durchbruch, obwohl sie noch nie außerhalb ihrer eigenen Garage gespielt haben.

Vielleicht haben die Jünger so sehr erwartet, Jesus lebendig zu sehen, dass sie sich – und anderen – einredeten, es wäre bereits passiert. Leute, die diese Möglichkeit in Betracht ziehen, werden dir noch ganz andere Dinge erzählen, die im Namen des Glaubens geschehen sind. Denn Glaube versetzt bekanntlich Berge.

Leute, die das Argument Wunschdenken nicht akzeptieren, werden dir sagen:

- Für die frühen Christen stand zu viel auf dem Spiel, als dass sie eine Einbildung zum Mittelpunkt ihres Glaubens hätten machen können. Sie sind freiwillig in den Tod gegangen, um zu bezeugen, dass Christus wirklich auferstanden ist. Würde man von ihnen nicht erwarten, dass sie ihre Aussage widerrufen, wenn man ihnen mit Folter und Tod drohte?
- Die Theorie basiert darauf, dass viele Menschen glauben, was sie glauben wollen. Aber mindestens zwei Leute wollten gar nicht glauben, dass Jesus zurück ins Leben gefunden hatte! Jakobus war Jesus gegenüber schon sein Leben lang skeptisch gewesen und Paulus verfolgte die Christen mit ganzer Härte. Wie sollen sie überredet worden sein, wenn das Geschehen gar nicht passiert war?
- Und, wieder einmal, diese Theorie kann nicht das Problem des leeren Grabes lösen.

(Un-)Heimliche Begegnung

Wenn du ein Fan von Logik, Geschichte oder Theologie bist, dann findest du diese Listen von Augenzeugen und Argumente für und gegen die Auferstehung Christi sehr packend.

Aber wenn du damit nichts anfangen kannst, fragst du dich vielleicht: »Was für einen Unterschied macht es, ob Jesus nach seinem Tod auf der Erde rumgelaufen ist und bewiesen hat, dass er lebendig ist und sich einer Hand voll Leuten gezeigt hat, die jetzt ihrerseits tot sind?«

Und das ist eine gute Frage.

Denn wenn Jesu Auferstehung überhaupt keinen Bezug zu unserem Leben heute hat, dann ist es ganz egal, ob er von den Toten auferstanden ist oder nicht.

Begegnungen mit Jesus, die vor 2 000 Jahren geschahen, sind Dinge, mit denen sich Theologen beschäftigen sollten, aber Begegnungen mit Jesus *heute* - das wäre schon um einiges spannender. Und es ist genau das, was ein Mann namens J. P. Moreland behauptet, erlebt zu haben.

Wir fachsimpelten über American Football und ob sein Team (die *Kansas City Chiefs*) oder meins (die *Chicago Bears*) irgendeine Chance hatten, dieses Jahr den Superbowl zu gewinnen (was natürlich nicht der Fall war), als Moreland plötzlich sagte: »Es gibt noch eine Beweiskategorie, nach der Sie nicht gefragt haben.«

Ich rekapitulierte in Gedanken das Interview. »Und welche wäre das?«, fragte ich schließlich.

»Die Tatsache, dass auf der ganzen Welt Menschen in jeder Kultur, aus allen Hintergründen und mit allen Persönlichkeiten dem auferstandenen Jesus begegnen, egal, ob es Gebildete und Ungebildete, Reiche und Arme, Verstandesmenschen und Gefühlsmenschen, Männer und Frauen sind«, sagte er. »Jeder dieser Menschen wird Ihnen bezeugen, dass Jesus Christus sein Leben mehr als alles andere verändert hat.«

Moreland lehnte sich in seinem Stuhl vor, um seinen Worten Nachdruck zu verleihen. »Für mich ist das der ausschlaggebende Beweis. Nicht der einzige Beweis, aber der letzte Beweis, der noch fehlt, um wirklich bestätigen zu können, dass die Botschaft von Jesus die Tür zu einer direkten Begegnung mit dem auferstandenen Christus öffnen kann.«

Was kann man auf so etwas entgegnen? Bevor ich meinen Kommentar abgeben konnte, sprach Moreland weiter.

»1968 war ich ein zynischer Chemiestudent an der

Gläubig oder fanatisch?

Ein Argument, das ich ständig hörte, als ich das Christentum untersuchte, drehte sich um die starke Leidenschaft der ersten Christen. Das Christentum muss die Wahrheit sagen, so das Argument, weil seine Anhänger freiwillig dafür in den Tod gingen. (siehe Kasten: »Die Lüge deines Lebens« in Kapitel 5)

»Ja«, würde ich sagen, »sie nehmen in Kauf, für ihren Glauben zu sterben. Aber das Gleiche tun Mormonen und Muslime und die Anhänger der Sektenführer Jim Jones und David Koresh.

Das zeigt vielleicht, dass sie fanatisch waren, aber ganz ernsthaft: Es beweist noch nicht, dass an ihrem Glauben wirklich etwas dran ist.«

Dann erklärte er es mir mit folgenden Worten: Wer überzeugt ist, an etwas Wahres zu glauben, der geht dafür möglicherweise auch in den Tod. Aber man wird – wenn man bei Verstand ist – nicht freiwillig sterben, wenn man weiß, dass man an eine Lüge glaubt. Die meisten Leute haben nur ihren Glauben, der ihnen sagt, dass ihr Glaube wahr ist. Muslime glauben zum Beispiel, dass Allah sich Mohammed offenbart hat. Aber diese Offenbarung geschah nicht in der Öffentlichkeit. Keiner war dabei und konnte es beobachten. Also könnten sie sich irren – und es gibt keinen Weg, die Wahrheit oder die Unwahrheit der Sache herauszufinden. Aber wenn sie fest daran glauben, dass es wahr ist, dann würden sie auch dafür sterben, wenn sie jemand dazu auffordert.

Auf der anderen Seite waren die Jünger in der einmaligen Situation, ohne Zweifel zu wissen, ob Jesus von den Toten auferstanden ist. Sie behaupteten ja, ihn gesehen, mit ihm gesprochen und gegessen zu haben. Wenn nichts von alledem passiert sein sollte, unabhängig davon, was sie anderen erzählt haben, dann hätten zumindest die Jünger gewusst, dass der sich schnell usbreitende Glaube an die Auferstehung Jesu nur ein Märchen und von ihren eigenen unwahren Aussagen ins Leben gerufen war. Mit Sicherheit hätten sie sich nicht zu Tode foltern lassen für Dinge, von denen sie wussten, dass sie unwahr sind.

Universität von Missouri, als mich jemand mit dieser Herausforderung konfrontierte: dass es für den »Fall Jesus«, wenn ich ihn nur kritisch, aber fair und offen für alle Ergebnisse untersuchen würde, mehr als genug Beweise gäbe, um mich zu überzeugen - und zu glauben.

Also ging ich einen Glaubensschritt in die Richtung, in die die Beweise zeigten. Ich nahm Jesus als denjenigen an, der meine Fehler und Vergehen vergeben und mich leiten konnte. Und ich begann, eine sehr reale und dauerhafte Beziehung zu ihm - zu dem auferstandenen Jesus - aufzubauen.

In drei Jahrzehnten hatte ich Hunderte von konkreten Gebetserhörungen, ich habe Dinge erlebt, die sich auf natürliche Weise einfach nicht erklären lassen, und ich habe erlebt, wie sich mein Leben auf eine Weise verändert hat, die ich nie für möglich gehalten hätte.«

Ich protestierte. Schließlich erleben Menschen auch in anderen religiösen Bewegungen Veränderungen, deren Glaubensüberzeugungen denen des Christentums direkt widersprechen. »Ist es nicht gefährlich, eine Entscheidung auf Grund subjektiver Erfahrungen zu treffen, die man nicht beweisen kann?«, fragte ich.

»Ich möchte zwei Dinge ganz klar sagen«, antwortete er. »Erstens sagte ich nicht, dass Sie einfach Ihrer Erfahrung trauen sollen. Ich sage vielmehr, dass Sie Ihren Verstand gebrauchen und die Beweisstücke prüfen sollen. Und dann erlauben Sie Ihrer Erfahrung, zu einem weiteren Beweisstück zu werden. Und zweitens verlangt der Beweis an sich nach einem Test, wenn die Auferstehung Jesu wahr ist.«

»Erklären Sie das bitte«, bat ich.

»Der Erfahrungstest geht so: ›Er lebt immer noch, und ich kann es herausfinden, indem ich in eine Beziehung zu ihm trete.‹ Wenn Sie in einem Geschworenengericht sitzen

Debbies Auferstehung

Debbie Habermas starb 1995 langsam und qualvoll an Magenkrebs. Ein paar Jahre später erzählte mir ihr Ehemann, Gary, ein führender Experte zum Thema Auferstehung, die folgende Geschichte:

»Ich saß auf unserer Veranda«, begann er und blickte zur Seite ins Leere. Er seufzte tief, dann fuhr er fort. »Meine Frau lag sterbend oben in ihrem Bett. Mit Ausnahme von ein paar Wochen war sie die ganze Zeit zu Hause gewesen. Es war eine schreckliche Zeit. Das war für mich das Schlimmste, was passieren konnte.«

Ich wusste, wenn Gott zu mir kommen würde, dann würde ich ihm nur eine Frage stellen: ›Herr, warum liegt Debbie da oben im Sterben?‹ Und ich denke, Gott hätte mir geantwortet, indem er mich liebevoll gefragt hätte: ›Gary, habe ich meinen Sohn von den Toten auferweckt?‹

Ich hätte gesagt: ›Komm schon, Herr! Ich habe einige Bücher zu diesem Thema geschrieben! Natürlich wurde er von den Toten auferweckt. Aber ich will wissen, was mit Debbie ist!‹

Ich vermute, er wäre auf seine Frage zurückgekommen: ›Habe ich meinen Sohn von den Toten auferweckt? Habe ich meinen Sohn von den Toten auferweckt?‹ So lange, bis ich es kapiert hätte: Wenn Jesus vor 2 000 Jahren von den Toten auferweckt worden war, dann gibt die Auferstehung auch eine Antwort auf Debbies Tod im Jahr 1995.

Und wissen Sie was? Es funktionierte für mich damals, als ich auf der Veranda saß, und es funktioniert für mich auch heute noch. Die Zeit war emotional schrecklich belastend für mich, aber ich kam nicht an der Tatsache vorbei, dass die Auferstehung tatsächlich die Antwort auf ihr Leiden war. Ich machte mir immer noch Sorgen. Ich fragte mich immer noch, wie ich vier Kinder alleine großziehen sollte. Aber es gab keine Zeit, in der mich die Wahrheit der Auferstehung nicht getröstet hätte.

Meine Frau zu verlieren war für mich die bisher schlimmste Erfahrung meines Lebens. Aber wenn mich die Auferstehung durch diese Situation hindurchtragen konnte, dann kann sie mich durch alles durchtragen. Sie funktionierte 30 nach Christus, sie

funktionierte 1995, sie funktioniert 1998 und sie wird auch darüber hinaus funktionieren.«
Habermas schaute mir direkt in die Augen. »Das ist nicht irgendeine Predigt«, sagte er ruhig. »Ich glaube das mit meinem ganzen Herzen. Wenn es eine Auferstehung gibt, dann gibt es auch einen Himmel. Wenn Jesus von den Toten auferstanden ist, dann ist auch Debbie auferstanden. Und ich werde eines Tages auch auferstehen.
Dann werde ich beide sehen.«

würden und ausreichend Beweise hätten, um jemanden schuldig sprechen zu können, dann wäre es ziemlich unsinnig, kurz vor dem letzten Schritt aufzuhören und auf den Schuldspruch zu verzichten. Und Menschen, die alle Beweise für die Auferstehung Jesu akzeptieren, aber nicht den letzten Schritt des Erfahrungstests gehen, würden nicht erfahren, wohin die Beweise letztlich zeigen.«

Was zu der Frage führt: Bist du offen, diesen Schritt zu gehen?

Schlussfolgerung: Und was jetzt?

Wenn du von den Problemen und Fragen liest, die ein anderer mit Gott und dem Glauben hat, dann kann das wie ein wohl geordneter Prozess aussehen. In Wirklichkeit ist aber nicht alles immer so klar. Ich habe mich ein Jahr und neun Monate lang durch einen wahren Berg an Argumenten für und gegen Christus gekämpft und bin dabei von einem Thema zum nächsten gesprungen, und manchmal auch wieder zurück. Am Ende merkte ich, dass es Zeit war, mich der wichtigsten Frage von allen zu stellen: »Und was jetzt?«

Vom Wissen zur Erfahrung

Ich erinnere mich an einen Nachmittag, als ich 14 war. Ich war alleine zu Hause und malte im Keller mit Ölfarben auf eine große Leinwand. Während Acrylfarben sofort trocknen, brauchen Ölfarben scheinbar ewig dafür. Mit wachsender Ungeduld steckte ich ein paar Wärmelampen in die Steckdose, um die Sache zu beschleunigen.

Das war nicht klug.

Kurze Zeit später ging ein Haufen alter, mit Terpentin getränkter Stofffetzen in Flammen auf. Dann begann der Tisch zu brennen, und bald loderte das Feuer in der ganzen holzverkleideten Ecke des Kellers.

Wenn ...	Dann ...
... Jesus der Sohn Gottes ist ...	... sind seine Lehren mehr als nur gute Ideen eines weisen Mannes. Sie sind die Weisheiten von Gott persönlich – auf die ich guten Gewissens mein Leben aufbauen kann.
... Jesus moralische Standards setzt ...	... habe ich in ihm ein unveränderliches Fundament für meine Entscheidungen. Und das ist besser, als sie auf die wechselnden Werte dessen zu gründen, was mich in einer bestimmten Situation am besten vorwärts zu bringen scheint.
... Jesus von den Toten auferstand ...	... lebt er auch heute noch und ich kann ihm auf einer persönlichen Ebene begegnen.
... Jesus den Tod überwunden hat ...	... kann er auch für mich die Tür zum ewigen Leben öffnen.
... Jesus göttliche Mächte hat ...	... hat er die übernatürliche Fähigkeit, mich zu leiten und mich zu verändern, wenn ich ihm nachfolge.
... Jesus selbst Schmerz und Verlust erfahren hat ...	... kann er mich trösten und ermutigen, wenn Dinge schief gehen.
... mich so liebt, wie er sagt ...	... bin ich für ihn Chefsache. Das heißt: Ich kann nichts verlieren, aber alles gewinnen, wenn ich mich ihm anvertraue.
... Jesus der ist, der er zu sein behauptet ...	... hat er als mein Schöpfer meine Achtung und meine Anbetung verdient.

Ich rannte zum Telefon und rief die Feuerwehr. Als ich zurückkam, sah ich, dass das Feuer schon außer Kontrolle war. Orangefarbene und gelbe Flammen züngelten bereits an der Decke, die direkt an das Wohnzimmer grenzte. Ich wusste, wenn sich das Feuer da hindurchbrannte, würde das ganze Haus abbrennen – und dann hätte ich ein echtes Problem.

Ich schnappte mir einen Eimer Wasser aus der Waschküche, rannte damit in Richtung Feuer und goss es an die Wände, wo die Flammen hoch krochen. Das hat sie nicht mal verlangsamt. Der Keller war schnell von einem dicken, schwarzen, rußigen Rauch erfüllt. Und dann gingen auch noch alle Lichter aus.

Während ich wegen des Rauchs husten musste, verlor ich schnell die Orientierung. Ich konnte nicht mehr erkennen, wo die Treppe war. In diesem Moment traf mich eine furchtbare Erkenntnis: Ich konnte mich ohne Hilfe nicht retten. Ich war nicht in der Lage, den Weg aus dem Keller zu finden, bevor ich zusammenbrach. Ich befand mich in einer lebensgefährlichen Situation.

In eben dieser Situation erschien ein Polizist in der Kellertür. Er trat auf die obersten Stufen der Treppe, leuchtete mit seiner Taschenlampe ins Dunkel und rief: »Hier ist die Polizei. Ist da unten irgendjemand?«

Ich hätte die Sache logisch durchdenken können. Die Lage hier im Keller war ernst; wenn ich länger hier unten bliebe, stünden die Chancen gut, dass ich in den Flammen sterben würde. Aber der Polizist kannte die einzige Fluchtmöglichkeit. Er war dazu ausgebildet und voll in der Lage, mich in Sicherheit zu führen. Und er hatte eine große Taschenlampe, um mir den Weg zu leuchten.

Ich schnappte nach Luft und verstand die Situation plötzlich vollkommen, ohne überhaupt darüber nachzudenken. Aber es reichte nicht, es einfach zu verstehen. Ich musste handeln. Ich musste dem Polizisten vertrauen – ein Vertrauen, das auf Fakten basierte – und ihm meine Hand reichen, damit er mich retten konnte. Also folgte ich dem Licht, und er legte seinen Arm um mich und führte mich in Sicherheit, weg vom Feuer.

Nachdem ich den »Fall Jesus« fast zwei Jahre lang untersucht hatte, wusste ich, dass seine Geschichte voll von Zeugnissen und von einzigartiger Glaubwürdigkeit ist. Und nach dem, was er sagte, konnte ich mich alleine nicht retten.

Und trotzdem war es nicht genug, das nur zu wissen. Ich brauchte mehr als nur eine rationelle Entscheidung. Ich musste dementsprechend handeln, indem ich ihn seinen Arm um mich legen und mich in Sicherheit bringen ließ. Ich musste den Erfahrungstest machen, von dem J. P. Moreland gesprochen hatte (siehe Kapitel 9).

Auf einmal fühlte ich mich nicht mehr, als schwömme ich flussaufwärts gegen den starken Strom der Beweise; stattdessen schwamm ich in die gleiche Richtung, in die die Beweise zu zeigen schienen. Das fühlte sich gut und sinnvoll an. Es fühlte sich, ich kann es kaum richtig beschreiben, genau so an, als wäre es, was Gottes Geist von mir wollte.

Also sprach ich am 8. November 1981 in meinem Herzen mit Gott. Ich gab alle meine Fehler zu und erhielt das Geschenk der Vergebung und des ewigen Lebens von Christus. Ich sagte ihm, dass ich ihm mit seiner Hilfe nachfolgen wolle.

Es gab keinen Blitz und keinen Donner, ich hörte keine Stimme, fühlte kein Kribbeln im Bauch. Manche Menschen spüren in diesem Moment eine Welle an Emotionen; ich fühlte nichts. Aber ich wusste: Was gerade passiert war, ist real.

Etwas Neues

Der Apostel Paulus schrieb: »Wer zu Christus gehört, ist ein neuer Mensch geworden. Was er früher war, ist vorbei; etwas ganz Neues hat begonnen« (2. Korinther-Brief 5,17). Und es kam, wie es kommen musste: Nach einiger Zeit, als ich versuchte den Lehren Jesu zu folgen und mich seiner Macht zu öffnen, da begann ich, mich zu ändern. Von Jesus hatte ich eine Art Kompass, wie ich mein Leben führen sollte, und so verletzte ich nicht mehr andere Leute, wie ich es früher getan hatte, und verletzte mich auch selbst nicht mehr. Er nahm mir die ungeheure Angst vor dem Tod, weil er den Tod überwunden hatte. Er nahm die Schuld von mir, die mich erdrückt hatte. Er zeigte mir, wie großartig und erfüllend meine Beziehungen zu anderen Menschen sein konnten. Er brachte wieder Leben in meine Familie.

Jesus baute mich auf, wenn ich es brauchte, und zeigte mir den Weg, wenn ich ihn danach fragte. Er gab meinem Leben eine Bedeutung, die weit über mich hinausgeht.

Fälle dein eigenes Urteil

Also, was ist mit dir? Ich habe dir von meinen Erfahrungen erzählt, aber deine Schlussfolgerungen musst du selbst ziehen. Niemand kann dein Herz für dich öffnen. Vielleicht hast du, nachdem du dich mit dem Thema beschäftigt und dir all die Fakten durch den Kopf hast gehen lassen, entschieden, so wie ich es tat, dass der »Fall Jesus« schlüssig ist. Und was jetzt? Wenn du für dich erfahren willst, wie es ist, das Leben zusammen mit Jesus Christus zu gehen, dann brauchst du nur seine Gnade zu empfangen. Dazu kannst du mit ihm aus deinem Herzen reden, die Dinge zugeben, die du falsch gemacht hast, und Jesus als deinen Herrn und

Retter akzeptieren. Du wirst damit sein Sohn oder seine Tochter, und du wirst ein geistliches Abenteuer beginnen, das dein Leben lang weiter geht - bis in Ewigkeit.

Wenn du ...	**Dann lies ...**
... praktisch veranlagt bist ... ... Dinge magst, die Hand und Fuß haben ... ... mathematisch oder wissenschaftlich interessiert bist ...	**... das Lukas-Evangelium, weil es klar und deutlich geschrieben ist und viele Details enthält.**
... künstlerisch oder poetisch veranlagt bist ... ... ein Philosoph bist ...	**... das Johannes-Evangelium. Es ist sehr bildhaft und wunderschön poetisch geschrieben.**
... aus einer jüdischen Familie kommst ...	**... das Matthäus-Evangelium, denn es greift viele Prophezeiungen über den Messias auf.**

Vielleicht hast du immer noch Fragen. Hör nicht auf zu suchen. Eines der besten Dinge, die du tun kannst, ist, die Bibel selbst zu lesen. (Es gibt viele Bibelausgaben in modernem Deutsch, die besonders für Einsteiger geeignet sind.)

Vielleicht denkst du sogar darüber nach, Gott um Hilfe zu bitten. Was hast du zu verlieren? Wenn wirklich niemand da oben im Himmel ist, hast du nicht mehr als ein paar Sekunden verloren. Aber wenn Gott existiert und dir zuhört, dann kannst du unvorstellbar viel gewinnen.

Hier ist das Gebet, das ich gesprochen habe, als ich anfing, den »Fall Jesus« selbst zu erkunden:

> *»Gott, ich glaube eigentlich gar nicht, dass es dich gibt. Aber wenn du da bist, will ich dich finden. Ich will die Wahrheit herausfinden. Also, wenn du existierst, dann zeig dich mir bitte.«*

Du kannst dieses Gebet benutzen oder ein eigenes sprechen. Aber nimm dich in Acht: Du könntest tatsächlich erhalten, worum du bittest. So wie ich.